VILLE DE CLERMONT-FERRAND

(Puy-de-Dôme).

EXPOSITION

ARTISTIQUE, INDUSTRIELLE

ET HORTICOLE.

MAI ET JUIN 1863.

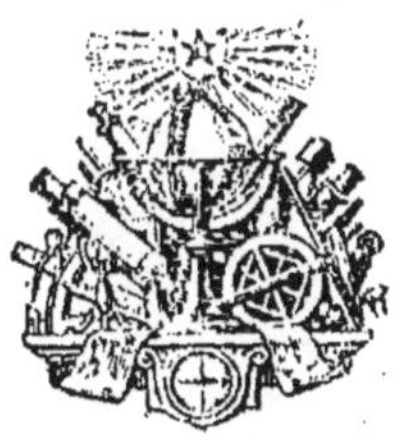

CLERMONT-FERRAND

TYPOGRAPHIE DE PAUL HUBLER

1863.

VILLE DE CLERMONT-FERRAND

(PUY-DE-DÔME).

EXPOSITION

ARTISTIQUE, INDUSTRIELLE

ET HORTICOLE

DE CLERMONT.

VILLE DE CLERMONT-FERRAND

(Puy-de-Dôme).

EXPOSITION

ARTISTIQUE, INDUSTRIELLE

ET HORTICOLE.

MAI ET JUIN 1863.

CLERMONT-FERRAND
TYPOGRAPHIE DE PAUL HUBLER
1863.

[illegible]

[illegible]

[illegible]

[illegible]

[illegible]

[illegible]

[illegible]

[illegible]

EXPOSITION ARTISTIQUE, INDUSTRIELLE
ET HORTICOLE
DE CLERMONT-FERRAND.

COMPOSITION DES COMMISSIONS DE L'EXPOSITION.

Commission d'organisation.

MM. DE TARRIEUX, président de la Société d'agriculture.

DE FÉLIGONDE, vice-président de la Société d'agriculture.

AUBERGIER, vice-président de la Société d'agriculture.

SPEISER, conseiller municipal.

LECOQ, président de la Chambre de commerce.

BOUILLET, directeur du Musée.

RENOUX, conseiller municipal.

BONNABAUD, conseiller municipal.

BIDEAU, conseiller municipal.

GUYOT, ingénieur en chef des ponts et chaussées.

Le comte MARTHA-BEKER, président de l'Académie des sciences, belles-lettres et arts de Clermont.

Secrétariat général.

MONTADER, avocat, président.

BARDOUX, avocat.

BOURGET, professeur à la Faculté des sciences.

JALOUSTRE, secrétaire de la Société d'agriculture.

*

Commission des Beaux-Arts.

MM. DEGEORGE, architecte, président.
BONNAY, notaire, vice-président.
LEDRU, architecte, secrétaire.
DE LAFOULHOUZE, peintre.
ROUX, peintre.
BOUILLET, conseiller municipal.
CHALONNAX, professeur de sculpture.
BARDOUX, avocat.
CORMONT, rédacteur en chef du *Moniteur du Puy-de-Dôme.*
COMPAGNON, architecte.
MONTADER, avocat.
BLATIN, conseiller municipal.
MALLAY père, architecte.
JARRIER fils, architecte.
DELORIEUX, professeur de dessin.
DESBOUIS, bibliothécaire.
TOURRETTE.
Le comte DE WAULX.
Le vicomte DE WAUTIER.
CHAUVASSAIGNES-D'ÉPINAY.
Le comte MARTHA-BEKER, président de l'Académie des sciences, belles-lettres et arts de Clermont.
ALFRED DE LAVERGNE.
EMILE THIBAUD.
FRANCISQUE MANDET, conseiller à la Cour de Riom.

MM. MICHEL MOUSSY.
COGNOT.
IMBERT, architecte.
MALLAY fils, architecte.
COHENDY, archiviste de la préfecture.
ASSEZAT DE BOUTEYRE, procureur impérial.
ONSLOW, ARTHUR.

Commission de l'Industrie.

RENOUX, conseiller municipal, président.
DESHAIRES, négociant, vice-président.
BOURGET, prof. à la Faculté des sciences, secrétaire.
BLANC, LÉON, banquier.
PEROL, ancien imprimeur.
ROUX-LAVAL, conseiller municipal.
RAYNE, FRÉDÉRIC, négociant.
MARILHAT, prés. du trib. de commerce de Thiers.
SABATIER, négociant à Thiers.
CHATARD, fabricant de pâtes alimentaires à Clermont.
VERRU, fabricant de pâtes alimentaires à Riom.
GAILLARD, confiseur.
LHÉRITIER, constructeur de machines.
LÉON FLEURY.
VIMAL-VIMAL, prés. du trib. de commerce d'Ambert.
SUQUET, ingénieur des ponts et chaussées.
BARBIER, constructeur de machines.
PAUL BOYER, conseiller municipal.

MM. CROUZEIX, conseiller municipal.
TOURNAIRE, ingénieur des mines.
BONNABAUD, conseiller municipal.
BERTIER, conseiller municipal.
BERNARD, professeur à la Faculté des sciences.
BIDEAU, conseiller municipal.
ROUFFY, président du Tribunal civil.
GUYOT-DESSAIGNE, avocat.
DRELON, ancien négociant.
BONNIÈRE, négociant.
PÉRET, négociant.
OSSAYE, négociant.
CHALMETON, négociant.
COSTE, banquier.

Commission de l'Horticulture.

LECOQ, président de la Chambre de commerce.
GUYOT, ingénieur en chef des ponts et chaussées.
SPEISER, conseiller municipal.
VIMONT fils.
CHARLES DE RIBEROLLES.
LAMOTHE, pharmacien à Riom.
DE BAR, propriétaire.
FOURNIER, ingénieur des ponts et chaussées.
JALOUSTRE, professeur d'horticulture.
ASTAIX, VICTOR, juge suppléant.
ISTRE, avocat.

CONCOURS RÉGIONAL.

Commission de l'Agriculture.

MM. DE TARRIEUX, président de la Société d'agriculture.

DE FÉLIGONDE, vice-président de la Société d'agriculture.

AUBERGIER, vice-président de la Société d'agriculture.

DONIOL, propriétaire.

BOUCOMONT, conseiller municipal.

CÔME DE GUÉRINES, propriétaire.

GRELLET, avocat.

DE SAINT-MANDE.

BAUDET-LAFARGE.

CELEYRON, GUSTAVE, à Ambert.

GRANGIER.

NARJOT DE TOUCY.

DE ROQUEFEUIL, inpecteur des forêts.

MORIN, capitaine des sapeurs-pompiers.

COMPOSITION DES JURYS D'EXAMEN.

Jury des Beaux-Arts.

Président, M. DEGEORGE;
Vice-président, M. BONNAY;
Secrétaire, M. LEDRU.

1re SECTION.

MM. BERTRAND, conseiller, président.
BONNAY, vice-président.
DE LAFOULHOUZE, rapporteur.
ASSEZAT DE BOUTEYRE.
DE BAR.
MONTADER.

2e SECTION.

DE SAINT-PONCY, président.
MALLAY père, vice-président.
DESBOUIS, rapporteur.
COHENDY.
LE BLANC, de Brioude.
THIBAUD.

3e SECTION.

MM. DEGEORGE, président.
BOUILLET, vice-président.
LEDRU, rapporteur.
BARDOUX.
BERTRAND, de Saint-Flour.
DE WAUTIER.

Jury de l'Industrie.

Président, M. RENOUX;
Vice-président, M. LECOQ;
Secrétaire, M. GUYOT-DESSAIGNE.

1re SECTION.

MM. BIDEAU, président.
TOURNAIRE, vice-président.
BOURGET, secrétaire.
le président du Tribunal de commerce d'Aurillac.
le président du Tribunal de commerce d'Issoire.
BOYER.
CROUZEIX.
LECOQ.
RAYNE.
SUQUET.

2e SECTION.

MM. RENOUX, président.
BLANC, vice-président.
PEROL, rapporteur.
le Président du Tribunal de commerce d'Ambert.
le Président du Tribunal de commerce de Saint-Flour.
BERNARD.
BONNABAUD.
DESHAIRES.
OSSAYE.
VERRU.

3e SECTION.

ROUFFY, président.
ROUX-LAVAL, vice-président.
GUYOT-DESSAIGNE, rapporteur.
le Président du Tribunal de commerce de Riom.
le Président du Tribunal de commerce de Thiers.
BERTIER.
BONNIÈRE.
CHALMETON.
COSTE.
DRELON.

Jury de l'Horticulture.

Ce Jury est composé des Membres de la Commission de l'Horticulture.

EXPOSITION DE CLERMONT-FERRAND.

DISCOURS D'OUVERTURE

Prononcé le 2 mai 1863,

Par M. Ph. MÈGE,

Maire de la ville de Clermont-Ferrand.

MESSIEURS,

Avant de jeter les yeux sur ces œuvres d'art, sur ces produits industriels, horticoles, groupés autour de nous, permettez-moi d'adresser de publics remercîments à ceux qui ont bien voulu participer à l'organisation de cette fête. Aux plus précieuses aptitudes, ils ont joint un zèle, une activité se renouvelant à chaque heure; les difficultés sans nombre qu'ils rencontraient, les obstacles que présentait une installation nouvelle, ils ont su tout aplanir.

Cependant, la ville de Clermont seule n'aurait pu obtenir un si brillant résultat; et c'est grâce à la bonne volonté de nos voisins, que nous pourrons aujourd'hui voir avec orgueil de nombreux visiteurs parcourir les vastes locaux de nos expositions.

Siége du concours régional pour l'année 1863, la ville de Clermont, imitant l'exemple qui lui a été déjà donné, a voulu que les beaux-arts, l'industrie, l'horticulture, vinssent orner de tout leur éclat la fête purement agricole.

Aussi, quand l'idée première d'une exposition a surgi, a-t-elle été acceptée avec empressement.

Une seule pensée jetait quelque inquiétude dans les esprits : l'époque du concours était bien rapprochée, aurait-on le temps nécessaire pour mener à bonne fin une pareille entreprise?

Les résultats, Messieurs, ont répondu à cette question. L'initiative généreuse du Conseil municipal, le zèle toujours si actif de la Société d'agriculture, les efforts multipliés de nos concitoyens, ont suppléé au défaut de temps, et l'œuvre improvisée peut être considérée comme une œuvre accomplie.

L'année dernière, les habitants de notre province accouraient ici en foule pour saluer de leurs acclamations l'élu du suffrage universel. — Aujourd'hui, ils viennent fêter l'agriculture, les arts, l'industrie, et en agissant ainsi ils rendent un nouvel hommage au Souverain qui se préoccupe sans cesse de tout ce qui peut améliorer le bien-être moral et matériel des populations.

Acceptons avec reconnaissance toutes les occasions qui nous sont offertes pour faire apprécier notre beau pays, actuellement accessible jusque dans ses plus modestes hameaux, grâce à l'administration intelligente du premier magistrat de notre département. Montrons à ceux qui nous visitent, nos plaines fertiles, véritables greniers d'abondance, nos montagnes couvertes de prairies, nos sites pittoresques où la nature étale toutes ses magnificences.

Montrons-leur aussi ces usines, ces manufactures, ces industries déjà si importantes et déjà si prospères, ces établissements thermaux qui rivalisent avec les plus favorisés.

Et lorsque, satisfaites de notre réception, ces populations retourneront dans leurs foyers, elles diront qu'il y a au centre de la France un pays riche par son sol, son industrie, un pays digne d'attirer l'attention de l'agriculteur, du savant et du touriste..

Messieurs, les concours régionaux, les expositions municipales, peuvent être envisagés sous des aspects divers.

Quant à nous, il ne nous appartient pas d'entrer dans un examen détaillé. Ce rôle reviendra plus tard à des voix mieux autorisées, plus éloquentes que la nôtre.

Cependant, qu'il me soit permis de vous présenter quelques observations.

Le travail, on l'a dit bien souvent, ne vit, ne progresse, que par la comparaison, la concurrence. C'est cette idée qui a donné naissance aux concours, aux expositions.

Depuis, un progrès marqué s'est fait sentir dans l'agriculture, dans les arts, dans l'industrie.

La liberté, Messieurs, est aussi en toutes choses un puissant élément de succès. Sous son égide bienfaisante, les intérêts se développent, et les dernières entraves apportées aux opérations commerciales disparaissent pour toujours.

Sachons nous rendre dignes de toutes ces grandes choses, et rappelons-nous avec espoir l'admirable discours prononcé devant les exposants à leur retour de Londres. Une voix auguste leur disait en terminant :

« Pénétrez-vous sans cesse des saines doctrines politiques
» et commerciales, unissez-vous dans une même pensée
» de conservation, et stimulez chez les individus une
» spontanéité énergique pour tout ce qui est beau et utile.
» Telle est votre tâche. La mienne sera de prendre cons-
» tamment le sage progrès de l'opinion publique pour
» mesure des améliorations, et de débarrasser des entraves
» administratives le chemin que vous devez parcourir. »

Si, sortant du domaine des idées générales, nous examinons ce qui se rattache plus directement à notre pays, combien nous devons être heureux et fiers d'avoir réuni dans un même faisceau nos forces jusqu'alors éparses et ignorées !

L'agriculture est dignement représentée.

Les arts ! qui de vous, Messieurs, aurait pu croire à toutes nos richesses ?

Ces tableaux sans nombre, parmi lesquels nous voyons des œuvres d'un mérite rare, où se trouvaient-ils? Hier encore ils étaient fixés au mur d'une chapelle, ou au panneau d'un salon. Aujourd'hui, les ateliers de ces artistes que nous aimons tous, et dont nous admirons le talent, sont déserts; les demeures particulières sont dépouillées, la richesse individuelle est devenue la richesse commune; et nous pouvons rendre un éclatant hommage aux travaux remarquables d'un artiste dont notre ville déplore la perte récente.

Dans l'industrie, Messieurs, nous occupons depuis longtemps une place honorable; les produits si divers de nos usines, de nos manufactures, ont déjà obtenu dans les grandes expositions de hautes et légitimes récompenses.

Aujourd'hui, comme pour les beaux-arts, ces produits, autrefois disséminés, sont réunis dans une exhibition solennelle.

Messieurs, que la date de cette fête soit inscrite dans nos annales; que tous, artistes, patrons, ouvriers, cultivateurs, en retirent d'utiles enseignements; qu'ils se souviennent que l'ordre, le travail, la stabilité, le respect des droits de chacun, sont les conditions indispensables de toute liberté, de tout progrès !

Messieurs, les expositions municipales sont ouvertes; elles seront, je l'espère, dignes de toutes les villes qui ont bien voulu nous prêter leur appui.

DISCOURS

prononcé

Par M. MONTADER,

PRÉSIDENT DU SECRÉTARIAT GÉNÉRAL,

A l'ouverture de la séance de distribution des récompenses.

MESSIEURS,

Toutes les manifestations qui, sous des formes variées, réunissent, rapprochent et mêlent de nombreuses individualités en leur imprimant une direction commune et une féconde émulation, se rattachent à des causes générales qu'il importe de saisir pour en apprécier plus sainement les conséquences. Le principe détermine l'action et préjuge le résultat.

Les expositions provinciales, si recherchées, si nombreuses dans ces dernières années, ne sont pas seulement le produit d'une imitation stérile stimulée par le spectacle des grandes expositions internationales; elles s'expliquent et se justifient par un intérêt puissant, un besoin sérieux, une impulsion que les changements opérés dans les mœurs politiques, les conditions économiques et les relations commerciales, rendent désormais irrésistibles.

L'élément qui domine dans la suite des transformations que nous avons subies ou des progrès que nous avons réalisés, c'est sans contredit une tendance toujours plus forte à l'expansion, s'affirmant et grandissant sans cesse en s'appuyant sur les principes, dominant suivant les divers accidents de notre histoire, tantôt sur la politique et les idées, tantôt sur l'industrie et les intérêts, toujours sur les arts et les sentiments; gravitant sans relâche vers cette unité qui doit fondre entre eux ces principes trop souvent divisés et en faire la base légitime et sûre du droit individuel et de la puissance sociale.

C'est ainsi qu'après les agitations et les réactions de la politique, l'activité de la nation tout entière s'est tournée vers le développement des intérêts matériels avec une ardeur intelligente et passionnée, que surexcitent encore en la légitimant deux faits d'une haute gravité : d'une part, un grand ministre plantant au cœur de la réforme économique ce drapeau de la liberté qui nous fascine et nous attire, qui élève tout, la main qui le porte et les cœurs qui le suivent; d'autre part, le culte des beaux-arts grandissant parallèlement et s'associant aux merveilles de l'industrie pour ennoblir les richesses et les jouissances qu'elle procure.

A ces causes tirées de notre caractère national et des événements que nous avons traversés, viennent s'ajouter celles qui sont la conséquence de l'établissement des chemins de fer et des communications télégraphiques, cette double conquête de l'homme sur le temps et l'espace.

L'effet de ces grandes créations a été d'opérer un mouvement de décentralisation industrielle, qui a prouvé que chaque contrée est douée d'une aptitude spéciale qui lui assigne une place dans le travail national, qu'elle pouvait et devait se développer dans les divers genres de production auxquels la destinent son sol, ses richesses naturelles, son tempérament et son génie particulier. Que fallait-il pour féconder toutes ces richesses, toutes ces aptitudes, toutes ces activités? Briser le moule étroit dans lequel la vie provinciale avait été enfermée par la difficulté des communications; trouver des occasions de contact, d'échanges, d'études; créer l'autonomie dans la solidarité : tel a été le but des expositions provinciales.

Quant aux effets utiles, il ont été souvent appréciés : concurrence loyale, émulation heureuse entre les industriels, inspiration réciproque entre les artistes, éducation du public et des consommateurs, enfin importance accrue du pays et de la ville hospitalière, qui retrouve parfois dans les efforts qu'elle fait pour recevoir dignement ses hôtes le fil brisé de sa tradition, le principe oublié ou méconnu de sa grandeur et de sa prospérité.

Plus qu'aucune autre, notre province et notre ville devaient ressentir l'influence heureuse de ces manifestations.

Notre département, placé au centre de la France, forcé de subir l'isolement que lui créent ses chaînes de montagnes, imparfaitement desservi par les voies ferrées, devait attirer à lui une part de cette sève industrielle qui vient du Nord, ou abdiquer en envoyant à la fabrique étrangère ses richesses naturelles, qu'il ne pouvait plus transformer, et sa population, qu'il ne pouvait plus nourrir.

D'autre part, il était entouré de départements dont les ressources n'étaient pas assez puissantes pour se suffire, qui étaient habitués à regarder Clermont comme un entrepôt et un atelier, à venir lui demander les choses nécessaires à la vie, depuis les objets les plus modestes jusqu'aux articles du luxe le plus recherché.

Créer un marché intérieur qui, dans les régions du centre de la France, pût combattre l'influence envahissante d'une centralisation excessive; arrêter le consommateur au passage en lui disant : Je puis suffire à toutes les exigences de vos besoins, de votre fantaisie et de votre goût; arrêter et fixer le producteur en lui montrant les états de services commerciaux d'une ville qui a pu être un moment l'entrepositaire de l'Ouest, alimenter de ses produits agricoles ou manufacturés les grands centres de l'Est, et pousser des reconnaissances jusque dans les ports du Midi : telles sont les conséquences plus spéciales qui doivent résulter d'une exposition industrielle et commerciale, conçue, organisée et dirigée sans égoïsme, mais avec le patriotique désir de maintenir ou de restituer au pays tous les éléments de sa grandeur.

Dans ces conditions, les représentants des départements qui composent un groupe dont nous serions fiers d'être le centre, devaient trouver parmi nous une hospitalité reconnaissante, comme celle que l'on donne aux membres éloignés d'une même famille. On a appelé les expositions des luttes pacifiques, les grandes assises du travail. Ces expressions ambitieuses et un peu surannées, qui pouvaient être justes lorsqu'elles s'appliquaient aux exhibitions internationales, sont sans valeur lorsqu'il s'agit des expositions régionales, de ces visites faites au chef-lieu d'une province par toutes les industries voisines qui lui demandent une place à son foyer, et des récompenses si elles ont contribué à augmenter le patrimoine commun par d'utiles ou brillantes inventions.

C'est à ce moment que se posent les questions les plus intéressantes sur l'origine, les progrès et l'avenir de chaque industrie; qu'elles se classent et se naturalisent en quelque sorte, suivant la tradition, le goût et les ressources de chaque pays. Les unes meurent ou se transforment; d'autres émigrent, attirées par de plus favorables conditions; toutes retirent de cette juxtaposition des enseignements qui se traduisent bientôt par un perfectionnement dans la production ou un abaissement dans les prix.

A côté des avantages qui résultent de la comparaison des produits se placent les conséquences qui naissent du contact des personnes, et il est permis de dire que ces conséquences dépassent encore la portée du mouvement industriel. Ce n'est pas seulement un sentiment de mutuelle bienveillance qui anime chaque individualité; ces installations des premiers jours, cette communauté d'efforts, ces fêtes de la dernière heure, donnent naissance à une sorte d'estime affectueuse collective qui réunit les divers groupes composés d'une ou plusieurs provinces : fédéralisme heureux qui donne au patriotisme local, à l'activité individuelle une plus grande puissance, sans nuire à la force et à la grandeur de la commune patrie.

II.

L'art a pris une large et belle place dans cette exposition. C'est une grande chose, un trait particulier d'une haute signification que, dans toutes les expositions industrielles, même dans les villes essentiellement manufacturières, les beaux-arts soient venus constamment apporter leur contingent de séductions brillantes et de fécondes inspirations. Il est facile d'expliquer et de justifier cette alliance entre deux éléments dont le but peut être distinct, mais dont la parenté est souvent légitime.

En présence des manifestations les plus exclusives, au point de vue de la science ou des intérêts matériels, le cœur humain ne se désintéresse jamais complètement ; il s'y mêle et s'y rattache à un certain degré, et il trouve son expression dans l'art qui touche à la science par l'interprétation des grandes scènes de la nature et de l'histoire, et qui par la couleur et le dessin ajoute à l'idéal, qui est le rêve, un sensualisme épuré, qui est la vie. L'ange est divin parce qu'il a des ailes, il n'est beau et humain que parce qu'il a un corps.

Cette association de l'art et de l'industrie, qui sollicite à la fois la curiosité, les intérêts et le goût, dérive d'une loi nécessaire : il y a entre eux des rapports que l'industrie doit accepter avec orgueil, et que les beaux-arts ne doivent pas repousser avec dédain.

L'art n'est pas seulement la reproduction plastique de toutes les formes de la nature, de toutes les manifestations de la vie : pour qu'il existe, il faut que le souffle circule à travers ses créations. Mais ce souffle inspirateur est indépendant de la matière, du procédé, de la classification : *spiritus flat ubi vult ;* il peut se trouver dans les fourneaux de Vogt d'Augsbourg, les aiguières de Benvenuto, les faïences de Palissy, comme dans les œuvres de la peinture et de la statuaire. Ne proscrivons pas cette définition d'industrie artistique, laissons la flotter dans le vague pour ménager toutes les susceptibilités; mais n'oublions pas que c'est l'industrie française par excellence, qu'elle est pour nous un titre de fortune et de réputation dans le monde, qu'elle nous a créé partout des admirateurs et nulle part des rivaux.

Ce rapprochement, que notre installation un peu mêlée dans les salles de l'Hôtel-de-Ville fait naître immédiatement, ne produit aucun effet disparate, ne soulève aucune répugnance. L'esprit s'y habitue facilement, l'harmonie de nos sensations en est à peine troublée.

Cette impression générale nous mène à une appréciation qui nous permettra de restituer aux aptitudes de notre pays leur véritable caractère.

Si les expositions provinciales ont pour but de créer à chaque province une autonomie artistique et industrielle, il peut être intéressant de rechercher quelle est la spécialité, la physionomie, la tendance industrielle de notre population, involontairement calomniée, parce qu'elle était inconnue. Nous pouvons répondre en montrant notre exposition, quoiqu'elle soit restée bien incomplète, que parmi nos industries les plus vivaces figurent celles dans lesquelles se combinent la richesse, l'art et le goût : la fabrication des meubles, leur installation, la sculpture sur bois, les bordures artistiques, la confection des modes, la bijouterie, la carrosserie, les vitraux de couleur. Quant à l'industrie des bronzes d'art, que nulle province ne peut revendiquer, elle est encore magnifiquement représentée par M. Boy, un enfant de l'Auvergne, de cette province que l'on disait vouée au culte des intérêts grossiers et comme absorbée dans l'exécution des plus sordides travaux.

L'exposition des beaux-arts laissera parmi nous une profonde et durable impression ; elle doit provoquer une vive reconnaissance pour tous ceux qui y ont pris part, non-seulement pour les jouissances délicates qu'elle nous a procurées, mais encore parce qu'elle a plus fait pour détruire certains préjugés qui s'attachaient à notre province que vingt années de prédications stériles et d'impuissantes récriminations.

C'est chose heureuse pour l'artiste et le propriétaire de ces belles œuvres de pouvoir légitimer l'orgueil qu'inspire leur création ou leur possession par cet hommage public qui, en commençant l'éducation artistique du pays, élève aux yeux des étrangers le niveau de sa valeur morale et de sa considération.

Aussi, sous l'influence de ce sentiment, nous avons vu les salles de notre Hôtel-de-Ville se garnir, non-seulement de peintures anciennes et modernes remarquables, mais encore apparaître les portraits des grands hommes dont l'Auvergne s'honore, artistes, savants, généraux, magistrats, et s'élever au centre du palais de justice la statue de Domat, grand surtout pour avoir dégagé l'idée pure du droit de l'étreinte inflexible et dure de la loi romaine, et lui avoir donné pour base le grand principe de la solidarité humaine et de la charité chrétienne.

Nous pouvons dire encore, *tellus clara viris;* mais nous n'avons plus besoin d'emprunter une main étrangère pour l'apothéose de ces glorieux ancêtres : notre piété filiale suffit à cette tâche. L'art naît et grandit vite lorsqu'au spectacle d'une splendide nature viennent s'ajouter l'orgueil, la puissance et le culte des souvenirs.

Nous voudrions citer les noms de tous ceux qui sont venus apporter leur tribut de talent à cette œuvre, leur part de dévoûment à cette renaissance; d'autres voix plus autorisées vous les feront mieux connaître. Il en est cependant qu'un devoir de justice et de reconnaissance nous force à tirer de l'ombre dans laquelle ils s'étaient volontairement placés. On a pu dire avec le sentiment d'une noble humilité que le plus grand de tous était le serviteur de tous. A ce titre nous proclamons que ceux qui, pour donner à cette manifestation un concours exclusif et nécessaire, pour mettre en lumière les œuvres de leurs concurrents, ont renoncé aux récompenses dont ils étaient si dignes, ont bien mérité de tous. Nous sommes heureux de reporter à chacun d'eux, avec nos remercîments, ce témoignage ratifié par leurs confrères et par l'opinion publique.

A de Lafoulhouze ! critique distingué, écrivain plein de ressources, peintre ingénieux et charmant, qui sait unir la science à l'inspiration.

A Peghoux ! l'installateur heureux de notre galerie de peinture, qui a pensé qu'il était de bon goût de s'effacer devant les invités de l'Hôtel-de-Ville, et qui a poussé jusqu'au plus extrême désintéressement les devoirs de l'hospitalité.

A Debouis ! l'ordonnateur de nos richesses archéologiques. Collectionneur intelligent, chercheur infatigable, il a mis dans l'installation de ses reliques du passé la méthode du savant, la passion de l'artiste et les plus minutieuses exigences au point de vue de leur conservation.

A Ledru ! le lauréat de tant de concours, l'architecte consciencieux et habile. Talent sobre, élevé, sévère, plein de vigueur et de simplicité, il a mis dans ses œuvres les qualités de son caractère.

A Mallay ! dont le dévoûment nous a été si utile. Pour lui le sacrifice était doux et facile : il se retrouvait dans son fils et son élève, dont la belle exposition a dû flatter agréablement l'orgueil du maître et le cœur du père.

A Emile Thibaud ! à la mémoire de M. Thevenot ! Ils auraient mérité une double couronne. — Artistes, ils ont trouvé dans leurs sentiments religieux le principe de leur vocation ; fabricants, ils ont doté leur pays d'une brillante industrie. Ils rappellent en la continuant les traditions des grands peintres verriers des siècles de foi !

A la mémoire honorée de Tony Degeorges ! à M. Henri Degeorges, son frère ! Ils ont été nos initiateurs et nos maîtres. Que cette expression de reconnaissance aille jusqu'à chacun des membres de cette famille et de la famille Thevenot, comme un respectueux hommage, une douce et pieuse consolation.

Que de noms manquent encore à cette liste et manqueront à celle des récompenses, que nous aurions voulu confondre dans un sympathique éloge ! Que d'artistes et d'industriels dont l'abstention a laissé dans notre exposition de larges vides, et qui nous laissent de vifs et sincères regrets !

N'accusons pas leur indifférence ou leur dédain. — L'absence du plus grand nombre s'explique par des causes qui auraient pu avoir encore de plus dangereuses conséquences. Forcées de suivre la fortune du concours régional, désignées comme l'annexe un peu sacrifiée de cette manifestation agricole, les expositions artistiques et industrielles n'ont été décidées qu'au dernier moment, et elles ont dû être prêtes au jour fixé pour ce concours, dont elles étaient destinées à orner le triomphe.

L'arrêté municipal qui autorise est à la date du 21 février 1863, et nous devions ouvrir le 2 mai suivant.

Ce court espace de temps devait suffire à tout, l'étude, l'organisation, la direction, l'installation. Les ressources allouées semblaient devoir être absorbées par les travaux d'appropriation exigés par le concours régional et l'horticulture. Les deux éléments essentiels manquaient, le temps et l'argent. Le succès paraissait impossible, le doute était permis, l'hésitation excusable ; nous allions à l'impuissance à travers une atmosphère de découragement.

L'épreuve s'est heureusement terminée. Grâce à l'initiative énergique des Commissions, d'accord en cela avec l'Administration; grâce à la généreuse intervention du Conseil municipal, des ressources spéciales ont été créées.

Chacun a compris alors que largesse oblige, la confiance est revenue. L'activité a redoublé; les tergiversations ont fait place à un entraînement, à une émulation et à des efforts intelligents, qui ont produit en quelques jours les résultats que vous avez pu apprécier.

Une mesure qui a été vivement attaquée au point de vue fiscal nous est venue en aide. Nous avons délivré des cartes d'abonnement, personnelles et de famille, à des prix peu élevés. Un grand nombre a été placé immédiatement. Nous avions ainsi associé le public à notre œuvre, le succès était assuré.

Toutefois, dans l'intervalle, certaines industries qui auraient eu besoin de longues préparations s'étaient décidées sans retour à l'abstention. Nous avons déploré ses effets funestes, et nous avons dû les signaler pour donner la mesure de ce que nous aurions pu faire si nous avions été placés dans de meilleures conditions. Nous souhaitons que les récompenses que nous allons décerner soient considérées à ce double point de vue de primer la valeur artistique ou industrielle, et aussi cette sorte de courage professionnel qui n'hésite pas, au prix d'un échec ou d'une déception, à se ranger sous le drapeau du patriotisme local. Ce n'est pas le plus grand et le plus glorieux, ce doit être le plus aimé; c'est celui qui couvre et protége la famille, et il abrite dans ses plis nos aspirations et nos souvenirs.

Et maintenant que l'heure de la séparation est venue, toutes ces richesses artistiques, un moment réunies, vont retourner à leurs sources, consacrées par notre admiration; ces forces industrielles, reliées dans un but commun, vont se retremper dans le travail et se préparer pour de nouvelles manifestations. Nous sera-t-il donné de nous retrouver encore, de compléter la tentative heureuse que nous venons de faire? C'est notre vœu le plus cher, mais l'avenir seul prononcera. Quoi qu'il arrive, l'exposition de **1863** aura des effets durables : elle restera comme un de ces points lumineux que Dieu sème sur la route du temps, qui servent à déterminer pour les populations et les individus l'espace qu'ils ont parcouru dans la voie du progrès, et qui projettent des lueurs puissantes sur les espaces qui restent encore à parcourir.

RAPPORT

DE

LA COMMISSION DES BEAUX-ARTS

Par M. de LAFOULHOUZE, rapporteur.

« Messieurs,

Avant de vous rendre compte des récompenses qui ont été décernées par la commission des beaux-arts de l'exposition clermontoise aux artistes qui ont bien voulu répondre à son appel; avant de vous dire les motifs qui ont déterminé les décisions du jury; avant de vous présenter un examen général des œuvres de l'art ancien et moderne qui sont exposées à la mairie, permettez-moi de vous soumettre quelques observations préliminaires.

Lorsqu'il a été question d'organiser dans notre ville une exposition des beaux-arts coïncidant avec le concours régional, quelques personnes ont manifesté des inquiétudes sur son opportunité et les chances de succès qu'elle pouvait courir. On craignait qu'elle ne fût mesquine, qu'elle ne fût écrasée par les produits de l'industrie. Vu le petit nombre d'artistes et de collectionneurs connus et appelés à fournir le fonds de cette exhibition, on ne pouvait compter que sur des ressources insuffisantes pour mériter et fixer l'intérêt.

Nous-mêmes, membres de la commission d'installation, chargés de recevoir et classer les tableaux, les objets d'art ou de curiosité historique qu'on nous présenterait, nous avons partagé un moment ces appréhensions. Dans les premiers jours de l'installation, en présence du faible contingent qui nous était offert, notre foi dans les ressources locales, dans la richesse du pays, fut un peu ébranlée. Cependant nous savions que ces ressources existaient. Alors, reprenant courage, nous nous sommes mis en quête; nous avons été solliciter des collections que les propriétaires, par excès de modestie, ne jugeaient pas dignes de figurer à l'exposition.

Nous avons découvert des peintures ignorées, des reliques du temps passé, oubliées, reléguées dans des coins obscurs; à notre appel, le patriotisme auvergnat s'est réveillé, et au dernier moment les offres ont afflué, mais afflué de telle sorte, que devant l'insuffisance des locaux disponibles, nous nous sommes trouvés dans la douloureuse nécessité de refuser l'accueil à quantité de toiles et de choses précieuses dont on nous signalait l'existence, et qui méritaient l'honneur d'une mise au jour.

Notre confiance n'a pas été trompée; nous sommes largement récompensés de la peine que nous avons prise; — la foule qui depuis près de deux mois se presse dans notre vaste Hôtel-de-Ville, et parcourt avec une attention soutenue les dix salles que nous avons pu garnir, sans compter les vestibules et les couloirs, témoigne assez de l'importance, de la valeur de cette exposition.

Grâces en soient rendues aux amateurs et aux artistes qui nous sont venus en aide; — ils ont sauvé l'honneur du pays; — ils ont poussé à la roue de la fortune qui semble vouloir porter Clermont au rang de capitale du centre montagneux de la France.

Il était temps, Messieurs, de relever, dans l'opinion générale, la réputation de l'Auvergne sous le rapport de la recherche des jouissances délicates de l'intelligence.

L'Auvergne, qu'on s'obstine encore de nos jours à signaler comme un pays arriéré, une région inculte, barbare, dépourvue d'aptitude et de goût pour les arts; — l'Auvergne a répondu par cette exposition, par cette exposition où elle montre à ses enfants comme à ses détracteurs ses titres de terre noble et intelligente.

En effet, Messieurs, on juge mal cette terre qui nous a donné le jour : — froide en apparence, rude à la surface, elle est profonde et généreuse ; elle recèle dans son sein des germes inconnus prêts à jaillir sous le soc ; — il n'y a qu'à la retourner, à la fouiller pour qu'il en sorte des trésors à ravir les artistes, à émerveiller les archéologues, à étonner les savants, les industriels et les agriculteurs étrangers.

Notre province est suffisamment pourvue en monuments, en antiquités, en hommes de talent pour qu'elle fasse état de ses richesses originales et traditionnelles. — Cette exposition nous fournit l'occasion et les moyens d'établir en partie un inventaire du mobilier et du personnel artistiques de la province à différents âges.

J'espère que votre bienveillante attention voudra bien me suivre dans l'examen un peu aride que je vais en faire, et accueillir avec faveur les noms que je dois recommander à votre souvenir.

ÉPOQUE CELTIQUE ET GALLO-ROMAINE.

Pour remonter aux premiers temps de notre histoire, nous n'avons qu'à entrer dans la salle de l'archéologie, à visiter les armoires, à fouiller les vitrines.

MM. Compagnon, Rochette de Lempdes, Cohendy, Mallay père, Mourton, Largé, — la Société d'émulation de Moulins, les Comités de Massiac et de Brioude y ont disposé une quantité d'objets antiques qui viennent compléter la riche collection que M. Bouillet a classée dans notre Musée local. — Ce sont des statuettes, des ustensiles, des armes en fer et en bronze trouvés à Thiers, à Clermont, à Gergovia, à Corent ou dans le département de l'Allier ; — ce sont des haches celtiques, en silex, en jade, en serpentine; des haches emmanchées et complètes, ou à divers degrés de fabrication; des serpettes gauloises, des bracelets, des camées, des fibules; — des urnes, des làcrymatoires en verre; — des vases funéraires en terre rouge couverts d'ornements en relief et gardant le nom du potier; — ce sont des médailles en or ou en argent où se lit le nom de Vercingétorix, le premier des noms illustres dont l'Auvergne s'honore, — Vercingétorix dont le patriotisme et le courage intelligent arrêtèrent les armées de César devant les murs de Gergovia. — Ce siége, qui intéresse encore après dix-huit siècles, a déterminé deux excursions augustes et mémorables sur la montagne qui conserve des vestiges de la citadelle gauloise.

L'Empereur a confié à M. Aucler, agent voyer du département, le soin de diriger les fouilles et les recherches qui intéressent l'histoire du grand capitaine qu'il prépare dans ce moment.

M. Aucler a fait un plan en relief de la montagne de Gergovia et de ses abords, très-exactement réduit à des proportions qui permettent d'étudier et d'appliquer plus facilement le texte des *Commentaires de César* qui s'y rapporte.

Pour compléter cette étude, on peut s'adresser à la *Carte des voies romaines autour de Clermont*, dressée par M. Trinquart, géomètre, avec une correction que les savants se sont plu à reconnaître.

C'est à l'époque gallo-romaine qu'appartient un bas-relief en marbre blanc trouvé dans les fouilles de la gare de Clermont. M. Degeorge a recueilli ce précieux spécimen de l'art antique, et a voulu qu'il figurât dans l'exposition organisée sous sa présidence.

A la même époque nous trouvons les bronzes antiques si beaux de forme et de conservation, du Musée de Moulins.

Avez-vous remarqué dans une armoire de la salle de

l'archéologie des fragments de figures et de membres en bois noir et rongé par l'humidité? Ce sont des ex-voto romains, recueillis par M. Compagnon dans des fouilles pratiquées près de la source des eaux thermales des Roches, à laquelle ils étaient consacrés par la dévote reconnaissance des malades de l'antiquité.

MOYEN AGE.

Voici maintenant les marteaux ou poignées de la porte sud de l'église de Brioude. — Ces marteaux en forme de têtes de lions, entourées d'inscriptions en lettres romaines, peuvent nous servir de transition pour arriver au moyen âge auquel ils appartiennent, tout en gardant un caractère antique assez marqué.

Au moyen âge, les corporations religieuses, les évêques, les abbés marchaient à la tête de la civilisation et maintenaient le goût de la culture des arts. Ils confiaient aux artistes indigènes ou étrangers l'ornementation des églises et des autels.

DOUZIÈME SIÈCLE.

C'est au douzième siècle qu'il faut reporter la belle châsse en cuivre doré et émaillé conservée au collége de Billom. Cette châsse, moins riche sans doute que celle de Mozat, ne présente pas moins un grand intérêt de curiosité historique, et nous devons remercier M. Frédéric Rayne de nous l'avoir procurée.

Il faut classer dans la même période la grande croix byzantine enrichie de pierres fines et de cabochons en cristal, de M. de Villelume; — les custodes en ivoire sculpté de l'église de la Voulte-Chilhac; — les chandeliers en cuivre émaillé de l'église de Pébrac; — le curieux coffret de M. du

Ranquet de Chalus; — une figurine en cuivre dorée, portée par un fragment de reliquaire, provenant de la Chaise-Dieu, à M. Fournier-Latouraille. — Citons encore les chandeliers émaillés, les petites châsses byzantines de M. l'abbé Faure, M. Compagnon, M. Grange; — la châsse et la croix de Saint-Victor de Massiac, envoyées par M. l'abbé Magne. — Joignons à tous ces objets rares des reliques précieuses encore : ce sont des fragments du sceptre de Louis VII et d'étoffes tissées d'or trouvés dans le tombeau de ce roi à Saint-Denis, et donnés par Collot-d'Herbois au grand-père de l'exposant, M. Montel; ces reliques, dont l'authenticité paraît établie, devraient figurer au musée des souverains.

TREIZIÈME ET QUATORZIÈME SIÈCLES.

Aux treizième et quatorzième siècles nous trouvons une châsse en ivoire sculpté, dont les faces présentent une théorie de saints, développée à la façon antique. — Cette pièce hiératique, d'un haut intérêt, porte son acte de naissance sur parchemin, daté de 1244; elle appartient à M. le docteur Chaussat, d'Aubusson.

Voyons ensuite : la belle croix en argent repoussé de l'église de Granval, près Saint-Amant-Roche-Savine; le sceau en cuivre de Guillaume du Chasteau, abbé de Saint-Amable, à M. Rochette; — le sceau d'Armand de Flageac, abbé de Pébrac, à M. de Lavergne; — le sceau de Richard, doyen de la Cathédrale de Clermont, à M. Largé; — la curieuse série d'empreintes sigillographiques, de M. Cohendy, archiviste; — les chartes curieuses sur parchemin, de M. de Sartiges, d'Angles.

Les grandes familles, les hauts barons du moyen âge, à l'imitation du clergé, voulurent aussi orner et égayer leurs châteaux, sombres et tristes demeures, dont les restes ravagés dominent encore les crêtes de nos vallées.

Le château de Saint-Floret, près d'Issoire, est un exemple remarquable de cette disposition nouvelle dans les habitudes barbares encore des treizième et quatorzième siècles. — M. Anatole Dauvergne, avec le flair et le goût de l'artiste archéologue, a su découvrir et raviver les peintures murales qui décorent la grande salle de ce château.

Ces peintures, qu'il a relevées avec soin, donnent des détails de costumes d'une époque pour laquelle les documents sont rares. C'est une découverte importante pour l'histoire de l'art ; aussi ce travail, dont M. Dauvergne a bien voulu détacher quelques feuilles pour notre exposition, a-t-il été retenu par le ministère d'Etat.

QUINZIÈME SIÈCLE.

Le château de Villeneuve, construit par Rigault, comte d'Aurelle, ambassadeur sous les rois Louis XII et François Ier, offre aussi des traces d'ornementation originale. — M. de Féligonde, propriétaire actuel de cette demeure, y conserve divers objets d'ameublement, dont il a distrait deux tapisseries du quinzième siècle développées dans l'escalier de l'exposition. L'une représente diverses figures disposées dans des encadrements gothiques et des joueurs d'instruments ; l'autre, sainte Adélaïde entre un évêque et saint Jean, revêtu d'un riche manteau de pourpre. Ces figures semblent être des portraits ; elles sont d'une belle exécution pour le temps.

Une autre tapisserie curieuse est celle qui provient du château de Cindré, et qu'expose la société d'émulation de l'Allier. Cette tapisserie allemande du seizième siècle représente un combat naval. Les navires portent à l'arrière l'aigle à deux têtes de la maison d'Autriche ; les mâts sont terminés par des hunes fermées en forme de bennes et garnies de combattants. Ce détail intéressant mérite d'être signalé à la curiosité des savants.

» Sans sortir de l'escalier, nous trouvons les statues du Christ, de la Vierge, de saint Jean, et des fragments curieux de figures en terre cuite qui proviennent de la cathédrale de Clermont; de plus les statues en marbre blanc de saint Louis et de la Vierge de la sainte chapelle d'Aigueperse.

Ces sculptures, que M. Mallay père a pris le soin de faire venir pour l'exposition, présentent, en outre de l'intérêt historique, des traces de peintures et d'ornements dorés curieuses à étudier.

Nous devons aussi à M. Mallay un tableau important de l'église d'Aigueperse. Cette toile, dans ces derniers temps, a mérité l'attention des savants, et notamment de M. Lenormand, de l'Institut. C'est un saint Sébastien, de Mantegna, le célèbre peintre de Padoue, exécuté dans la dimension de grandeur naturelle.

Cette peinture, coloriée en détrempe, qui rappelle un peu la grisaille, est traitée avec la science que Mantegna apportait dans ses ouvrages. Malheureusement elle a souffert de l'humidité; elle a perdu de sa fraîcheur, de sa transparence primitives; c'est à raison de cet état fâcheux que nous n'avons pas cru devoir la mettre en pleine lumière. Cette composition demande à être vue de près; on remarque alors la précision savante, mais un peu sèche, du dessin, l'érudition de l'artiste et le rendu précieux des détails. —On étudie avec intérêt la structure des châteaux forts, des palais romains, des habitations qu'il a disposés, dans le fond du tableau, autour d'une place publique, animée par quelques petites figures.

Comment cette peinture du quinzième siècle se trouve-t-elle dans l'église d'Aigueperse avec celle qu'on attribue à Ghirlandajo (Benedotto)? Provient-elle de la maison de Bourbon, qui possédait le château de Montpensier? C'est ce que nous ne saurions affirmer, quoiqu'il y ait toute probabilité pour le supposer.

On peut se faire la même question à propos du panneau représentant une duchesse de Bourbon aux pieds de saint Jean, et qui appartient à M. Emile Thibaud.

Le château de Bourbon-l'Archambaud, très-reconnaissable dans le fond, justifie cette attribution.

SEIZIÈME SIÈCLE.

Le seizième siècle est une époque riche entre toutes pour les arts ; aussi a-t-elle fourni beaucoup à notre exposition.

Arrêtons-nous un instant devant le grand tableau représentant la Vierge entourée de saints, que M. Zani a placé dans l'escalier, et qu'il attribue à Moncalvi, peintre turinois, élève de Raphaël. On reconnaît en effet, dans cette composition, l'ordonnance sévère et le goût de dessin sobre et élégant qui distinguent ce grand maître.

L'église de Saint-Julien, de Brioude, n'est pas moins riche que celle d'Aigueperse. Elle nous a envoyé une Sainte-Famille peinte sur bois, dont le cadre doré et ornementé, de la même époque, porte les armes de la famille de Rochefort-d'Ailly, famille du donateur probablement. Ce tableau, qui aurait besoin d'être débarrassé des crasses et des fumées qui l'assombrissent, a tous les caractères d'une œuvre de l'école de Léonard de Vinci. L'enfant Jésus et saint Joseph se retrouvent avec les mêmes attitudes, les mêmes airs de tête dans d'autres compositions de ce grand maître, notamment dans sa célèbre Sainte-Famille de Saint-Pétersbourg. — L'église de Brioude attache avec raison un grand prix à cette peinture, qu'elle possède depuis le seizième siècle, et qui doit être de la main d'un des élèves du grand Léonard.

Outre ce tableau important, le comité de Brioude, représenté dans notre jury par M. Paul Leblanc, dont le zèle éclairé ne saurait être trop loué, nous a adressé deux élégants reliquaires en argent doré et ciselé des églises de

Champagnac et de Chassignoles, qui portent la marque d'un orfèvre de Brioude. — Au seizième siècle, Brioude possédait une fabrique d'orfèvrerie dont ces deux élégants échantillons justifient la célébrité.

Notons encore, dans l'envoi de Brioude, le beau bâton abbatial de l'église de Pébrac; le bois est incrusté de feuilles d'ivoire gravées et enroulées avec goût; — des lanternes d'exposition des quinzième et seizième siècles; deux statues, l'une de l'enfant Jésus sur un socle aux armes des Collanges, l'autre de saint Jean, en bois peint; — un panneau en bois sculpté, représentant Berenger, duc d'Aquitaine, dédiant l'église de Saint-Julien à la Vierge. — Ces objets divers, précieux à tant de titres, rassemblés par le comité de Brioude, proviennent des églises de cette ville et des environs.

M. Compagnon, architecte du seizième siècle, égaré dans le nôtre, recherche et étudie avec amour tout ce qui rappelle cette belle période de l'art. — En outre de ses dessins de serrurerie, de ses belles reproductions de la maison des consuls à Riom, et d'un plafond en bois sculpté du château de Ravel, il nous fait admirer le casque en fer damasquiné du connétable de Bourbon, trouvé au château de Chantelle, un beau chanfrein de la même époque, et le grand étendard en soie qu'il a rapporté de la Suisse, et qu'il suppose avoir appartenu à Charles-le-Téméraire, duc de Bourgogne. — Il expose aussi une curieuse pièce d'artillerie montée sur son affût. De son côté, M. Esmonot, de Moulins, a trouvé un médaillon en bois sculpté représentant le cerf ailé du connétable de Bourbon.

M. Antonin de Chazelles nous présente deux jolis plats de Bernard de Palissy; — M. du Ranquet, un beau médaillon en cuivre de Jean d'Estrée, grand-maître d'artillerie en 1554, et deux autres médaillons signés Dupré et Warin, ciseleurs célèbres.

Madame Chalvon, de Thiers, des piques, des fauchards, des hallebardes, des mousquets et un beau casque damasquiné en or.

M. Bellaïgue de Bughas, un ravissant diptyque, un bijou en ivoire sculpté, enrichi de mosaïques d'un goût exquis.

Le seizième siècle nous déborde; cependant nous ne pouvons oublier le *Saint-Jérôme*, de M. Verdier-Latour. Ce beau tableau de l'école allemande provient de l'abbaye de Saint-Alyre, où il était célèbre. — Cependant MM. Rochette de Lempdes, de Lavergne, de Marpon, du Ranquet, Chapot-Laroche, Pyrent, de Saint-Poncy, Fouet de Rouzière, de la Veissière, Dumont de Langeac, Vernet, Pauze, l'abbé Trébuchet, et tant d'autres, peuvent réclamer pour les bijoux, les émaux, les verreries, les coffrets, les faïences, les vases de verre et mille autres choses curieuses.

Qu'ils veuillent bien se contenter de cette simple mention, et de nos remercîments pour le concours généreux qu'ils ont apporté à l'exposition.

DIX-SEPTIÈME SIÈCLE.

Nous voici parvenus au dix-septième siècle. Non moins fécond que le précédent, il a de plus doté l'Auvergne d'une série d'artistes peu connus jusqu'à ce jour, mais dont les noms commencent à sortir de l'oubli et méritent d'être signalés. C'est un fait important que l'existence d'une école de peinture en Auvergne au commencement du dix-septième siècle.

M. Ernest Grassal nous a envoyé le portrait peint par lui-même de François Lombard, peintre né à Saint-Flour. Cette image est précieuse; elle nous donne les traits d'un artiste élevé à l'école de Simon Vouet, école qui a nourri du suc italien l'art français du dix-septième siècle.

Lombard a laissé en Auvergne beaucoup de ses œuvres; nous avons à l'exposition un tableau provenant de

Saint-Flour que nous avons cru devoir lui attribuer.—Cette toile, découverte par le regrettable docteur Peghoux, représente un moine et son aide dans un laboratoire. La façon simple et franche dont cette œuvre est traitée, la sincérité qui la distingue, indiquent un pinceau proche voisin de celui de Lesueur.

Pendant que Lombard travaillait dans une partie de l'Auvergne, une famille d'artistes, orginaires du Puy, dont Guy (François) est le plus notable, s'occupait aussi de la décoration de nos édifices religieux. — On rencontre leurs œuvres au Puy, à Brioude, à Clermont et dans le Bourbonnais. — L'église de Saint-Pierre-les-Minimes, à Clermont, montre avec un juste orgueil le tableau des quatre Evangélistes, peinture puissante, forte de ton et de caractère, dans la manière du Guerchin et de Valentin, avec plus de saveur peut-être, plus de sentiment de l'individualité morale.

François Guy signait souvent Guido, ce qui fait qu'on a attribué ses peintures au Guide, dont elles diffèrent beaucoup comme couleur et énergie.

Le tableau du retable de la même église est signé Rome. —Rome est un peintre né à Brioude, qui a peint en Auvergnè après avoir vu l'Italie.

Il y aurait à faire des recherches intéressantes sur ces peintres décorateurs qui ont illustré la province et qu'elle n'a pas remplacés; — il y aurait à parler aussi des sculpteurs ornementistes : Surreau, de Champeix, auteur du retable du moustier d'Ahun, dans la Creuse; Vanneau, du Puy; et le célèbre Julien de l'ancienne Académie, et plus tard de l'Institut. — Julien, né à Saint-Polien, qui dépendait de la coutume d'Auvergne, peut être revendiqué comme compatriote.

Mais, Messieurs, ce n'est pas ici la place de cette étude; contentons-nous de l'indiquer pour qu'elle soit faite un jour.

Au quinzième, au seizième, et pour la plupart au dix-septième siècle, appartiennent les émaux peints qui encombrent nos vitrines. — Citons le *Gloria in excelsis*, de M. Rochette ; — la Sainte-Famille, grisaille à M. Chapot-Laroche ; — les faïences italiennes ; — les émaux allemands de M. de Lavergne ; — les émaux italiens de M. Aigueperse ; — et les Laudin de MM. de Jabrun, du Ranquet, Vimont et Gonod fils.

Citons surtout la charmante Fuite en Egypte peinte sur lapis-lazuli, par Adrien Elzheimer ; un petit chef-d'œuvre qu'on doit envier à Mme Teillard de Bellaigue, ainsi que son livre d'heures, charmant manuscrit du quinzième siècle.

Citons enfin le buste en marbre de M. Périni, — et les volets de triptyque de M. Favier, d'Ebreuil, ornés des portraits de la famille de Beaucaire de Puy-Guillon.

Dans la salle des portraits historiques, il faut noter le Savaron de Mme Chopart, peinture du temps qui donne bien la physionomie sérieuse qui convient à ce savant historiographe de nos origines. — Dulaure, autre historien dont nous avons un beau buste du temps de sa jeunesse, conservé par M. Larbaud, et une toile qui le montre dans un âge avancé, et qu'expose Mme Barre, sa nièce. — L'abbé Banier, né à Dallet, membre de l'Académie des inscriptions à Paris, à M. Christophle. — Le bénédictin dom Verdier-Latour, à son petit-neveu, M. Edmond Latour. — Marcellin Bompart, né à Clermont, chirurgien de Louis XIII, à M. Chopart. — M. Martial de Champflour expose les illustrations de sa famille : Gérard Champflour, conseiller à la cour des aides de Clermont au commencement du dix-septième siècle ; Etienne Champflour, évêque de La Rochelle ; Jean-Baptiste Champflour, évêque de Mirepoix, au dix-huitième siècle. — M. Ledru a un bon portrait, signé Roze, de Gaultier de Biauzat, son aïeul, député aux états généraux. — M. Tezenas expose le baron Favard de l'Anglade, président de la cour de cassation, et Girot de l'Anglade, pair de France. — Mme de Romagnat nous a donné le portrait de Pascal, et, de plus, une excellente toile de Rigaud, représentant une dame de Saint-Cyr, la tête surmontée d'une de ces grandes coiffes tuyautées, préconisées par Mme de Maintenon pour les dames sur le retour et la pente du repentir.

Il m'est bien permis, je pense, de signaler le superbe portrait peint par Largilière, qui appartient à M. de la Foullhouze.

M. Léon de Chazelles, grand amateur des choses d'art, dont il est un adepte discret, est représenté par des toiles remarquables de l'école française. Il faut citer les portraits de plusieurs membres de sa famille, celui surtout du père Jean de Saint-Gabriel, peints par M. Rigaud; — Benjamin Franklin, bonne peinture du temps; — Rumfort, admirablement reproduit par Girodet; — et cette charmante duchesse de la cour de Louis XIV, qui bande les yeux à l'Amour avec la sérénité d'un cœur sûr de lui-même, qui ne veut dans le mariage que le demi-jour d'une flamme qui brûle sans excès et sans trouble. — Il est un des meilleurs morceaux de Mignard, le peintre aimé des beautés blondes et lymphatiques.

N'oublions pas le beau tableau de l'Amour maître d'école, signé Coypel.

L'envoi de madame de Carbon se compose d'une trentaine de toiles, parmi lesquelles on remarque de beaux portraits dans le genre de Van Dyck, Ferdinand Bol et Mignard; — de bons flamands; deux ou trois italiens, et surtout une figure de vieillard examinant une pièce de monnaie, peinture d'une excellente pâte, qui paraît être de Jordaëns, l'élève de Rubens.

M. Rochette de Lempdes n'a pas d'affections exclusives; il recherche tout ce qui peut piquer la curiosité ou le goût d'un amateur des choses de l'art de tous les temps et sous toutes les formes.

Non content de remplir nos armoires, nos vitrines, d'une foule d'objets d'antiquité, d'armes riches et précieuses, il a couvert nos murs de tableaux choisis. Il faudrait les citer tous; contentons-nous d'indiquer l'Adoration des Bergers, si précieusement reproduite par Plazer, peintre allemand de l'école maniérée qui a succédé à celle d'Albert Durer; — une délicieuse tête de Vierge italienne; — une Scène champêtre, d'Albert Cuyp; — un Wouvermans plein de fougue et d'un ton excellent. — Félicitons aussi M. Bouillet pour ses deux Wouvermans; — M. Léon Blanc, pour son Carache; — M. de Tissandier pour ses cinq tableaux flamands; — et M. Villiet pour son Abraham Mignon, et ce magnifique bouquet de fleurs plus beau que Van-Huysum, qui fait l'ornement de notre grand salon.

Ces deux derniers ouvrages proviennent de la galerie de M. de Vichy, évêque d'Autun, qui les tenait lui-même de son frère, le comte de Vichy, chambellan du roi de Bavière au commencement du siècle, et dont nous avons un bon portrait.

M. Marc de Bar, digne neveu de cet homme de goût, cultive lui-même la peinture avec passion; à ce double titre, il méritait doublement d'hériter, pour une bonne part, de la riche collection de son oncle.

Il nous a donné plusieurs toiles de valeur : — on admire un Karel Dujardin, — un Jean Steen, — un Van der Meulen, et surtout une tête de jeune homme, un petit chef-d'œuvre de Jean Bellin, le grand initiateur de l'école vénitienne.

M. Bertrand, conseiller et président de la commission de Riom, nous a prouvé son gracieux concours par l'envoi de plusieurs tableaux dont le choix décèle un amateur expérimenté : — la Cuisinière d'Eglon Van der Neer; — le portrait de Hans Holbein; — la fête champêtre de Lancret; — le paysage de Callot; — la naissance de Vénus, belle toile de l'école flamande, témoignent hautement des efforts heureux de M. Bertrand dans la recherche des fines jouissances du collectionneur.

M Talon n'a pas voulu rester en arrière de ses compatriotes. Il est représenté par un *Ecce Homo* de Frank; — une Annonciation; — une Vierge italienne et une charmante miniature sur vélin; — le Ravissement de saint François Régis.

M. Ligier de Laprade n'a qu'un tableau, mais il est excellent : — la Chasse de Diane sert de prétexte à une peinture de nature morte qui dénote un flamand de la bonne époque.

Que dire des portraits de Mmes de Chateauroux et de Vintimille? Conviendrait-il de révéler ce que chacun de leurs admirateurs a dû penser à part soi?

On ne peut que savoir gré à Natier de nous avoir laissé deux si jolis souvenirs des élégances poudrées et galantes de la cour de Louis XV.

On ne peut que féliciter MM. de Riberolles d'avoir conservé ces restes des splendeurs du château de Ravel au temps du comte d'Estaing. — M. de Riberolles-Beaucène nous a envoyé de plus une des tapisseries qui garnissent une chambre du même château. — Cette tapisserie, signée Boucher, est un remarquable spécimen de l'art décoratif à cette époque où régnait un grand luxe.

Citons en bloc la belle statuette en ivoire de M. Rochette; — le vidrecome allemand de M. Verdier-Latour; — le groupe signé Thiboust, de M. de Lavergne; — le buste de femme en terre cuite de M. Bertier; — les vases et le cabinet chinois de M. de Marpon; — le bol du cercle agricole; — la pendule de M. d'Aurelle de Montmorin; — les tapisseries et les chenets de M. Pyrent; — les vases ornés par Clodion, et le bas-relief en bronze de M. Compagnon; — le Vanloo de Mme Boutarel; — le tableau de fleurs de Mme Guérin. — Nous voudrions pouvoir donner les noms de tous ceux qui nous ont encore envoyé des objets d'art, mais le nombre en est grand : — Mmes de la Verchère, — Traber, — Chaudessolles ; — M. Maire-Perol ; — Mlles Garret, — du Crozet ; — MM. d'Espinchal, — de Clerval, — de la Salle, — d'Aurelle de Paladine, — de la Farge, — Bancal de Bonneval, — Faure-Pestel ; — les docteurs Blatin, Bonnabaud et Aucler ; — MM, Gaillard, — Louis Jay, — de la Faye, — Maury, — Gazard, — Roussel, — Lavandier, — Bayle, — Talobre, — Marmay, — l'abbé Heyraud ; — les églises de Randan, — de Pont-du-Château, — les hospices de Saint-Flour, — le grand Séminaire de Montferrand, — le couvent des Ursulines, — et MM. Degeorge, — Bonnay, — Montader, — de Wauthier, — de Vaulx, — et Desbouis, membres de la commission.

Pour en finir avec les siècles passés, il nous reste à dire un mot de l'histoire généalogique de la famille de Bosredon, par M. Ambroise Tardieu. — Ce jeune savant a consacré à cet ouvrage, qu'il fait reproduire chez M. Ferdinand Thibaud, un vrai talent de calligraphe et de peintre en blason.

DIX-NEUVIÈME SIÈCLE.

Enfin nous voici parvenus aux temps modernes.

Avant de parler des peintres vivants, il importe d'examiner les œuvres des artistes dont la perte récente est un deuil pour le pays.

La ville de Clermont devait un hommage spécial à la mémoire de M. Degeorges.

Elle a consacré deux salles à l'exposition de l'œuvre de cet artiste regrettable à tant de titres.

T. DEGEORGES.

Tomy Degeorges, élève distingué de l'école de David, a laissé plusieurs toiles importantes : le Christ à la colonne, — la mort de Bonchamp, — la mort de saint Amable, toiles qui n'ont pu figurer à l'exposition à raison de leur dimension.

En compensation, nous avons les précieuses reproductions qu'il a faites d'après les œuvres des grands maîtres que le Louvre ne possède plus depuis 1815. — Ces copies montrent avec quelle intelligente exactitude Degeorges savait traduire ses modèles; chacun d'eux est si bien reproduit dans son aspect et sa couleur, qu'il est impossible de confondre Titien avec Véronèse et Rubens avec Van Dyck.

Nous avons aussi plusieurs peintures étudiées d'après des types du pays. Ces peintures fidèles sont empreintes en même temps du goût de la belle forme que Degeorges avait puisé à l'école de David. — Tout le monde a souri à cette petite glaneuse d'une couleur fraîche et transparente, d'une physionomie si naïve, qu'on ne peut oublier une fois qu'on l'a vue.

Comme peintre de portraits, Degeorges a conquis un titre encore plus éclatant à la reconnaissance du pays. — Il lui a laissé la reproduction exacte de ses hommes marquants dans la période de 1815 à 1850.

C'est à lui qu'il faut s'adresser pour connaître les traits du baron Grenier, du comte de Montlosier, du général Beker, de M. Boirot, des docteurs Breschet et Fleury, — de MM. de Gartempe, Baudet-Lafarge, Blatin, Blanc, et de plusieurs dames aimables dont la société clermontoise a gardé le souvenir.

L'exposition de l'œuvre presque entière de Degeorges méritait une distinction spéciale et durable. — La commission des beaux-arts a pensé qu'elle ne pouvait mieux faire que de lui décerner la grande médaille d'or envoyée par Sa Majesté l'Empereur Napoléon III, et qui sera conservée au musée de la ville comme un monument historique. — Cette décision, à laquelle tout le monde applaudira, a été prise à l'unanimité.

P. MARILHAT.

Après Degeorges nous ne pouvons oublier Prosper Marilhat, enfant de l'Auvergne, que le ciel de l'Orient a créé peintre au même degré que le ciel de l'Italie l'avait fait pour Claude Lorrain. — Les œuvres de cet artiste sont rares dans notre pays; nous avons eu grand'peine à trouver une toile qui ne fût pas indigne de cette grande réputation. — Mme Lucas Laganne nous a donné une vue prise en Egypte, d'une exécution incomplète, mais assez avancée cependant pour qu'on puisse reconnaître les brillantes qualités de dessin, de lumière et de poésie qui distinguent le jeune maître. Nous remercions Mme Lucas de nous avoir fourni l'occasion d'honorer une gloire contemporaine, dont nous avons le droit d'être fiers.

POYET.

Un autre peintre, enfant du pays, mort depuis peu d'années, mérite aussi nos regrets. — M. Poyet, de Châteldon, s'est fait connaître par plusieurs tableaux religieux d'un sentiment ardent et un peu sombre, dont l'esquisse des mauvais anges que nous avons à l'exposition peut donner une idée. — On y voit aussi son portrait et celui d'un jeune homme, qui témoignent d'un talent sérieux dans ce genre.

THÉVENOT.

Pour épuiser l'article nécrologique des artistes auvergnats, il nous reste à donner quelques paroles de sympathie à la mémoire de M. Thévenot, dont la perte récente a laissé un grand vide parmi nous.

M. Thévenot, artiste religieux convaincu, admirateur passionné des peintures hiératiques du moyen âge, s'était voué au culte exclusif de l'art chrétien. Il a fondé à Clermont un établissement important pour la confection des vitraux peints. Les produits de cet établissement ont été distingués, dans l'espace de vingt ans, par cinq grandes médailles d'argent obtenues dans diverses expositions. — M. Thévenot a décoré un grand nombre d'édifices religieux de Paris, de la France et de l'étranger, de ses ouvrages remarqués partout. A Clermont on connaît les beaux vitraux de Notre-Dame-du-Port.

Nous avons à l'exposition plusieurs spécimens remarquables des produits de la maison Thévenot. Cette maison a désiré qu'ils fussent mis hors de concours pour des raisons de haute convenance que nous avons dû respecter. Nous ne pouvons que témoigner ici le regret de n'avoir pu donner une distinction méritée au talent d'un artiste dont le nom restera dans le souvenir de ses compatriotes.

Un mot encore pour un charmant esprit, un cœur dévoué, un poète, un artiste, qui vient de s'éteindre à Tauves.

M. Alexandre Guillaume, dont on a remarqué une belle étude d'arbre au fusain, et que pleurent encore ceux qui l'ont connu.

PEINTRES VIVANTS.

Entrons maintenant dans les salles consacrées aux artistes vivants ; ici encore nous avons à constater la bienveillance des amateurs de l'art moderne. Il convient de nommer à leur tête M. le duc de Morny, dont la faveur est ambitionnée par les artistes comme une consécration de leur talent. — M. de Morny a bien voulu contribuer au succès de notre exposition par l'envoi de sept tableaux choisis dans sa belle galerie. — Diaz, Willems, Calame, Roller, Schopin, Alexandre Couder, Auguste Bonheur, dont la vue de la vallée et du château d'Apchon intéresse l'Auvergne, ont excité l'admiration de tous les visiteurs.

Nous ne dirons rien de plus des ouvrages de ces peintres : leur réputation n'a que faire de nos éloges.

M. le duc de Morny est lui-même trop haut placé pour que l'expression de notre gratitude ait l'espoir de monter jusqu'à lui ; — mais le pays garde le souvenir de tout ce qu'il a fait pour sa prospérité, et sait le prouver à l'occasion.

M. Getting a droit aussi à une bonne part de nos félicitations ; les artistes peuvent le montrer comme un exemple, car les préoccupations de l'industriel n'empêchent pas M. Getting de s'entourer des œuvres choisies de l'art contemporain. H. Vernet, Diaz, Philippe Rousseau, Beauderon, Bénédict Masson, l'intéressent et le délassent des soucis de la fabrication et du commerce.

M. le docteur Bertrand aime la peinture en homme que la nature émeut et impressionne. Ses tableaux signés Berchère, Kieck et Gudin sont choisis à ce point de vue.

M. Léon de Chazelles s'inquiète aussi des peintres contemporains; les beaux portraits de Sewrin, Grosclaude et l'intérieur breton de Fortin en sont un témoignage.

Citons encore M. Léon Blanc pour la Vue de Venise, de Joyant; — M. Joseph Pegboux, M. de la Faye pour les tableaux de Robbes, Théodore Frère et Girardet.

Ce serait de l'ingratitude de notre part si nous ne faisions pas mention dans cette revue de M. le comte de Preissac, — M. Bonnay, — M. Fabre, — M. Doniol, — M. Girard, — M. Montader, — M. E. Collas, — M. de Beissac, — M. Lecourt d'Hauterive, — M. de Fos, — M. Nivet, — M. Adrien Cavy, — MMmes Montbrun et Battut-Olphan, dont les encouragements n'ont pas fait défaut à l'exposition clermontoise.

Quelques artistes étrangers, que les termes de notre règlement excluent du concours des médailles, nous ont cependant envoyé des œuvres importantes ; à ce titre, et comme peintres de talent, ils méritent de figurer dans ce rapport.

M. Foulongne appartient à ce groupe de peintres délicats qu'on désigne sous le nom de néogrecs. — Glaire, le savant professeur, en est le maître écouté; — Gérôme, Hamon, Boulanger, Picou en sont les illustrations. — Les compositions de M. Foulongne, comme celles de ses amis, procèdent toujours d'une idée élevée, et se recommandent par l'élégance du dessin et la sobriété des moyens pittoresques. — A part un peu de sécheresse, ces compositions plaisent et attachent par les qualités que ce défaut suppose, la distinction et le style. De ses trois tableaux à figures *Mœlénis chez une sibylle* est celui qui nous plaît le plus.

M. Léonard, peintre à Valenciennes, recherche davantage l'effet dramatique et la couleur. La grande scène populaire qu'il a disposée autour du cadavre d'une jeune fille qu'un amour trompé a poussée au suicide, est l'œuvre d'un observateur ému et d'un praticien admis dans les secrets de Rembrandt. — L'épisode du massacre des innocents nous confirme dans cette appréciation.

M. Mathieu, peintre à Paris, est représenté par deux petits intérieurs peints dans un sentiment doux et mesuré qui ne manque pas de charme.

M. Victor Devéria porte un nom qui oblige. M. Brousse nous a envoyé, de cet artiste, deux tableaux gracieux, spirituels, où les élégances galantes du dix-huitième siècle sont délicatement rendues.

Nous devons à M. Bachemallet un tableau religieux de M. Boucoiran, de Nîmes, où l'on retrouve, sous une forme plus calme et plus tendre, les qualités de Sigalon, son maître.

M. Queyroy, de Moulins, aime les scènes familières dans le genre de Guillemin. La Leçon de lecture, le Berger des Landes, la Gardeuse de dindons, sont des tableaux agréables; les eaux fortes qu'il a faites, d'après ces deux dernières compositions, sont d'une pointe ferme et savante.

SCULPTURE.

Dans la sculpture moderne, nous ne voyons d'artiste étranger que M. Mahoux, de Rodez, qui nous a envoyé un buste en marbre qui témoigne d'un talent sérieux et expérimenté.

Nous regrettons que M. Morel-Ladeuil, notre compatriote, lié par des engagements étroits avec une grande maison de Londres, n'ait pu nous envoyer aucun de ses élégants ouvrages. Nous le regrettons d'autant plus, qu'à la dernière exposition universelle d'Angleterre, sa table en argent repoussé et ciselé l'a posé au premier rang dans l'orfèvrerie d'art à côté de Vechte, le grand ciseleur.

Il serait regrettable de passer sous silence les œuvres des artistes du pays qui, en acceptant une part dans l'organisation de l'exposition, se sont mis volontairement hors de concours.

M. Emile Thibaud n'a pas besoin des distinctions que nous aurions pu lui donner; il est assez riche en médailles d'or et d'argent; ses ouvrages, qui décorent les églises du département, témoignent assez en faveur de son talent pour qu'il puisse se passer de nos récompenses et de nos éloges.

On a admiré les belles figures de saint Louis, sainte Catherine et sainte Philomène. — Ces vitraux sont dessinés dans le sentiment religieux moderne, avec la correction, la recherche du style et du caractère dont MM. Ingres et Flandrin ont donné les meilleurs modèles.

M. Agis Ledru, dont le nom résume pour cette ville deux générations d'architectes de talent, a exposé les projets d'une église gothique, de l'établissement de Royat, et des bains de vapeur du Mont-Dore.

Ces dessins, ces plans sont étudiés et rendus avec la justesse d'appropriation, la rectitude d'idées, la simplicité des moyens décoratifs que recherche cet artiste, qui se préoccupe avant tout de la destination et de l'effet d'ensemble d'un édifice.

Le projet de percement de rues à Clermont qu'il propose a reçu l'approbation de nos administrateurs. C'est un projet d'intérêt local qui répond à des nécessités urgentes. C'est avec raison que M. Ledru a réclamé, pour les dispositions nouvelles qu'il a étudiées, l'attention de l'opinion publique.

Par un scrupule honorable, mais peut-être exagéré, M. Michel Peghoux a cru devoir se tenir en dehors du concours. Comme mon appréciation personnelle pourrait lui paraître suspecte, je laisserai à tous ceux qui apprécient son talent le soin d'exprimer la bonne opinion que la vue de ses paysages leur a inspirée. Tout ce que je puis faire, c'est de me mettre à leur disposition pour recueillir leurs suffrages et les lui transmettre.

J'agirai de même pour M. de Bar. Malgré la hauteur où sa modestie a relégué le petit tableau qui figure sous son nom, je dois lui dire qu'il a été assez remarqué pour qu'on ait témoigné le désir de voir de près une toile qui promet trop, à distance, pour perdre beaucoup au rapprochement.

RÉCOMPENSES. — PEINTURE.

Comme organe de la commission chargée d'attribuer les médailles qui vont être proclamées tout à l'heure, je me contenterai d'exposer simplement les motifs des décisions du jury pour les médailles d'or et d'argent; ces décisions ont été prises et arrêtées par la commission tout entière.

M. Devedeux, enfant de Clermont, y a fait ses premières études et produit ses premières œuvres.

La Scène orientale et les deux portraits que vous avez vus et admirés sont des peintures d'une valeur assez élevée pour que leur auteur fût désigné le premier à nos suffrages. Cependant ces toiles ne suffisent pas pour permettre de juger d'une façon complète les qualités de composition, de couleur et d'exécution qui caractérisent le talent de notre compatriote à un si haut degré. Par cette distinction, le jury a voulu témoigner son estime pour un talent qui a su se produire à Paris, à côté des peintres les plus en faveur auprès du public; le jury a voulu signaler à sa ville natale un artiste dont le nom lui fait honneur.

M. Edouard Onslow est un peintre auvergnat dans toute la force du terme; ses nombreuses compositions, prises dans le vif de la nature locale, ont un accent de sincérité qui saisit. Ses paysans ne sont pas idéalisés; nous les connaissons, nous les voyons tous les jours; ils parlent patois, le vrai patois du pays. Ces qualités naïves sont rares, et malgré l'insuffisance des moyens d'exécution que ce jeune peintre ne possède pas complètement, le jury a cru devoir les encourager par la grande médaille d'argent.

Ce n'est pas le métier qui fait défaut à M. Roux. Son grand paysage et la vue d'une rue à Royat témoignent d'une habileté peu commune. Cet artiste a puisé à l'école de Devedeux la science de l'arrangement et le discernement raisonné du juste rapport des tons qu'il possède si bien. A ces titres, qui peuvent grandir encore, M. Roux méritait l'attention du jury.

La commission ne pouvait oublier le frère Athanase, peintre des Ecoles chrétiennes à Paris. Aux termes de notre règlement, il ne pouvait concourir que pour son tableau de la Halte de l'Empereur à Beaumont.

Malgré l'importance de cette toile, malgré les qualités de verve et de facture qu'on y remarque, la commission n'a pas cru devoir lui attribuer une récompense de premier ordre.

On a généralement apprécié avec plus de faveur les autres peintures du même artiste, qui dénotent des qualités d'un ordre supérieur.

Viennent ensuite M. Laurens, pour son joli tableau de

la Batteuse de beurre, d'un bel effet et d'une heureuse disposition, et ses études à l'aquarelle, d'après des paysans auvergnats.

M. Foulongne, pour ses marronniers de Royat et la vue prise à Montrodeix, peintures d'une sincérité, d'une conscience d'étude qui n'excluent pas la recherche des belles lignes.

M. Bonhomme est le seul peintre de Clermont qui ait exposé des sujets religieux d'une certaine importance. — La Conversion d'un Ethiopien par saint Philippe, — Jésus-Christ et Saint-Jean; — la Vierge et l'Enfant Jésus sont des toiles qui méritent la distinction dont on les a marquées.

SCULPTURE.

L'importance et la valeur du Domat de M. Chalonnax a frappé tous les yeux. — Cette statue, qui présentait des difficultés sérieuses d'exécution, fait grand honneur à cet habile praticien. Elle nous rend les traits sévères et méditatifs du jurisconsulte célèbre; elle a surtout l'air noble, l'air vraiment magistral qui convenaient à cette grande figure. Cette statue dénote chez son auteur un talent qui grandit tous les jours en puissance et en solidité.

Les deux statues de M. Gournier, malgré leurs imperfections, laissent paraître d'heureuses dispositions pour la grâce et la tournure qui devaient être encouragées.

ARCHITECTURE.

Le jury a cru devoir placer au premier rang M. Taché pour son projet de théâtre à Clermont.

Ce projet, largement conçu, étudié avec chaleur, et qui présente des dispositions heureuses et remarquables, est une œuvre qui témoigne du talent de M. Taché pour la composition. C'est d'ailleurs le seul dessin d'architecture proprement dite qui se soit produit au concours. — M. Taché, élève de l'Ecole des beaux-arts, d'où il a rapporté de nombreuses distinctions, a dirigé, dans la ville de Clermont, plusieurs grandes constructions qui ont mis son nom en belle lumière aux yeux du public, qui ratifiera la distinction que le jury lui a décernée.

M. Compagnon a exposé de nombreux dessins de serrurerie ancienne, exécutés avec l'habileté et la conscience qui distinguent cet artiste : — un beau dessin d'un plafond en bois sculpté du château de Ravel, dont nous avons déjà parlé, et la restauration de la façade de la maison des consuls à Riom. M. Compagnon excelle dans la reproduction des choses anciennes ; il continue les traditions et nous transmet les beautés de l'art du moyen âge et de la renaissance avec la pureté de main et le goût d'un artiste qui aime et possède ses modèles.

M. Emile Mallay offre aussi une série importante d'études archéologiques qui intéressent le pays, et de plus, des projets d'architecture religieuse. — La façade principale d'un projet de reconstruction de l'église d'Aigueperse a surtout été appréciée par le jury.

Les projets de peintures décoratives pour l'église du Port et l'église de Coudes sont conçus dans une gamme de tons harmonieux et sombres qu'on aimerait voir employer plus souvent dans l'ornementation de nos édifices religieux.

SCIENCES.

Le frère René a présenté des tableaux de courbes mathématiques et une table de logarithmes dressée par des procédés graphiques. Ces travaux ont été particulièrement distingués.

TYPOGRAPHIE. — LITHOGRAPHIE.

La Commission a signalé :

M. Gilberton, pour ses impressions de dessins blasonnés et l'exécution chromo-lithographique de la belle carte géologique de M. Lecoq.

M. Desroziers, de Moulins, pour ses lithographies à la plume, ses reproductions chromo-lithographiques, et l'impression de plusieurs ouvrages intéressant l'histoire de l'Auvergne.

M. Pilinski, à Paris, pour ses ingénieux procédés de reproduction de manuscrits, de gravures et d'anciennes impressions. — M. Pilinski a longtemps habité notre pays, auquel il appartient par alliance et par sympathie.

ARCHÉOLOGIE.

Dans l'archéologie, le jury a favorablement accueilli M. Aucler, pour un plan en relief de Gergovia et des contrées voisines, représentant l'enceinte des camps romains au moment du siége, et l'emplacement d'établissements gaulois et gallo-romains, d'après les découvertes résultant de travaux exécutés par les ordres de l'Empereur; — et M. Versepuy, pour sa belle reproduction en relief de la Sainte-Chapelle de Paris.

Mon collègue, M. Ledru, va proclamer les médailles d'or et d'argent, et les médailles de bronze que j'ai dû négliger pour abréger ce travail déjà trop long.

Et maintenant, Messieurs, un mot avant de finir. L'exposition des beaux-arts de Clermont est un événement qui laissera des traces dans l'histoire de la ville; pour l'organiser, l'administration municipale et M. Montader, comme son représentant et comme secrétaire général de l'exposition, ont soutenu nos efforts d'un appui constant et bienveillant; je crois devoir les en remercier ici au nom de la commission tout entière. Ils peuvent être satisfaits, l'exposition a réussi autant et plus qu'ils pouvaient l'espérer, et comme je le disais en commençant, elle a montré aux enfants de l'Auvergne comme à ses détracteurs, ses titres de terre noble et intelligente.

EXPOSITION INDUSTRIELLE

DE CLERMONT-FERRAND.

RAPPORT DE M. BOURGET

Au nom de la 1re Sous-Commission.

Messieurs,

Le développement de l'industrie est un fait moderne, contemporain, qui fait la gloire, la puissance et l'originalité du dix-neuvième siècle.

Il y a soixante ans à peine, la plupart de nos grandes industries n'existaient pas, ou étaient encore à l'état rudimentaire. Les voies de communication étaient rares, mal entretenues, les campagnes isolées des grands centres. Aujourd'hui des routes nombreuses, spacieuses et unies, sillonnent la France; et les chemins de fer, qui datent à peine de trente années, nous transportent commodément et rapidemant d'un bout de l'empire à l'autre. Le télégraphe électrique, qui a quinze ans d'existence, fait déjà, par mille cananx aériens, circuler la pensée sur toute la surface des continents, et bientôt sans doute, reliant les deux hémisphères, il anéantira leur distance, que l'on pouvait à peine franchir autrefois au bout de plusieurs mois de navigation. Au commencement du siècle, les machines à vapeur étaient peu nombreuses, la locomotive n'existait pas, les mines de houille, ces alimentateurs de l'industrie, étaient à peine exploitées. Nos villes, sombres et silencieuses le soir, offraient peu de sécurité; aujourd'hui le gaz leur donne par des becs nombreux un air de fête qui entretient et multiplie les relations sociales. Nous avons vu se décupler la production du fer, de ce métal précieux que nous transformons de mille manières, dont la rigidité supplée à nos débiles mains, dont la ténacité retient prisonnières et esclaves les forces les plus redoutables de la nature.

Depuis la même époque, la fabrication des étoffes de toutes sortes a pris une extension considérable; Jacquard a rendu facile la production des tissus et des rubans brochés, qui nécessitaient des métiers compliqués et de nombreux ouvriers. La chimie a transformé l'art de la teinture, et su tirer de substances sans valeur comme le goudron des nuances dont la beauté et la délicatesse surpassent celles de toutes les couleurs connues jusqu'à ce jour.

Je m'arrête dans ces détails, qui seraient inépuisables. Reportons-nous à la situation de nos pères, et à cette époque brillante de notre histoire qne l'on nomme le siècle de Louis XIV; comparons l'état général du pays à l'état présent, comparons la richesse de nos populations rurales à la pauvreté héréditaire dont elles ne pouvaient pas sortir; comptons toutes les jouissances générales auxquelles elles peuvent participer, jouissances que pouvaient à peine se donner les princes à cette époque : rapidité de locomotion, variété d'ajustements, échange facile des pensées par la poste, etc.; et nous serons frappés du chemin que nous avons fait dans la voie du progrès, nous serons frappés des trésors accumulés pour le bien-être de tous.

Ces progrès, il est vrai, ces trésors n'ont pas été acquis sans peine; nous n'en augmentons pas le chiffre sans efforts, et, disons-le, sans souffrances; il suffit de visiter des populations industrielles pour être frappé des misères auxquelles je fais allusion. Mais qui voudrait revenir en arrière? Qui voudrait abandonner les résultats déjà acquis de cette transformation générale de notre globe pour retourner aux époques malheureuses où l'homme était le jouet des intempéries des saisons, où il se couvrait d'une étoffe grossière qu'il ne pouvait renouveler que rarement, où il cheminait lentement et à petites journées, soit à pied, soit à cheval, soit dans une mauvaise voiture sans cesse cahotée?

Que ces souffrances ne soient donc pas pour nous une cause de découragement, et ne nous fassent pas regretter le passé. Comme le feu purifie l'or, comme la lime polit le fer, la peine et l'effort élèvent l'homme et la société. Le travail est la loi de l'humanité, c'est par lui qu'il souffre, mais c'est aussi par lui qu'il s'affranchit peu à peu de la tyrannie des agents naturels, qu'il les domine, qu'il les asservit, et leur fait accomplir ses plus rudes labeurs. Au début des sociétés, nous voyons l'esclave piler péniblement le grain qui doit donner un pain grossier à son maître; plus tard il tourne la meule, c'est déjà un travail plus doux; il n'est plus outil, il est moteur; plus tard il se borne à surveiller un animal chargé de cette besogne. Encore un effort, et l'animal et l'homme deviennent libres : c'est le vent, c'est l'eau qui tournent la meule, et font plus rapidement et mieux la farine qui doit les nourrir.

Ayons donc foi dans les destinées providentielles de nos aspirations fiévreuses vers le progrès; chaque conquête scientifique est un pas fait dans la voie de l'affranchissement; et comme la terre est emportée sans que nous le sentions dans le cercle que lui trace la grande loi de l'attraction, ainsi nous marchons à notre insu vers une constitution sociale où toutes nos découvertes, où toutes nos merveilles industrielles contribueront au bien-être de tous et de chacun. Et je ne dis pas seulement au bien-être matériel; car l'homme n'a pas à songer seulement à son vêtement, il ne se nourrit pas seulement de pain. Son esprit aspire à monter vers la source d'où il est descendu; il veut contempler le vrai, le beau; il aime instinctivement le bien, et il désire son accomplissement. Or, n'aperçoit-on pas que les richesses accumulées dont les sociétés civilisées augmentent chaque jour la somme deviendront plus tard assez grandes pour permettre à tous le libre développement des facultés morales, en même temps qu'elles fourniront au corps tout ce qu'il demande?

Nous voyons dès aujourd'hui poindre les premières lueurs de cette époque fortunée; les villageois, qui naguère ne savaient ni lire ni écrire, s'empressent d'envoyer leurs enfants aux écoles que l'on fonde partout, et l'esprit méthodique et scientifique se substitue insensiblement, quoique lentement, à la routine séculaire. C'est l'homme qui s'éveille peu à peu au bruit des mille marteaux de l'industrie, des convois de chemin de fer, des sonneries électriques. Loin de le retenir dans la torpeur et la routine, qui formaient peut-être un doux oreiller à sa paresse d'esprit, contribuons à son réveil et offrons à ses regards étonnés toutes les merveilles que nous pourrons rassembler dans les arts et dans l'industrie; excitons en lui le sentiment du beau, l'amour du vrai; montrons-lui les chefs-d'œuvre de l'homme, afin qu'il soit fier de sa propre intelligence, en admirant celle d'autres hommes comme lui. Qu'il apprenne à connaître toutes les forces, toutes les ressources de son esprit, et que, rentrant dans ses foyers, dans sa petite sphère il s'exerce à apporter dans ses fonctions journalières des améliorations successives capables d'augmenter son bien-être et celui de sa famille.

Tel n'est-il pas le but de nos expositions? Rassembler dans un même local les industries éparses d'un pays, tous les produits remarquables, de l'agriculture et de l'horticulture, des usines et des manufactures diverses qui font la vie d'une province; réunir d'autre part tous les chefs-d'œuvre qui entretiennent le culte du beau, qui est une partie de notre culte envers Dieu; appeler à ces fêtes les populations rurales, leur rendre accessibles toutes ces nobles jouissances qui sont habituellement le partage d'un petit nombre; leur faire toucher au doigt toutes les ressources actuelles de la société : voilà ce que nous avons voulu faire, et grâce au concours de chacun, malgré le peu de temps dont nous avions à disposer, nous pouvons dire que les résultats ont dépassé les prévisions.

Nous avons aujourd'hui à rendre compte d'une partie seulement des produits exposés. La longue liste des choses vraiment remarquables, des récompenses accordées, montrera mieux encore que nos assertions toutes les richesses industrielles de notre pays, tous les progrès accomplis depuis un petit nombre d'années, et toutes les espérances que nous pouvons fonder sur l'avenir.

§ I. — Mines.

Le plateau central de la France offre à l'industrie minière des ressources nombreuses et variées.

Les volcans ont déposé à la surface du sol de vastes coulées de laves présentant des carrières inépuisables de pierres à la fois solides et légères. A côté, des montagnes de pouzzolanes permettent la fabrication de ciments de qualité supérieure, tandis que d'autres donnent une roche, la domite, avec laquelle on fabrique un excellent verre. La Limagne nous fournit en abondance une chaux hydraulique précieuse pour la bâtisse. De riches bassins houillers renferment en quantité considérable des combustibles variés, appropriés aux usages les plus divers, enfin nous trouvons dans notre contrée des gîtes métallifères riches et importants d'argent, de plomb, d'antimoine, d'alun.

Quelques mines sont en pleine exploitation, d'autres attendent des routes ferrées pour donner à leur travail une activité et un développement en harmonie avec leur importance.

USINE DE PONTGIBAUD.

Cet établissement nous a fait une exposition très-complète de ses matières premières, des moyens d'extraction, et des produits successifs de son travail. M. Bontoux, le directeur, avait offert un gâteau d'argent, dont il n'a été exposé qu'un fac-simile. Les plans très-complets et très-intéressants des travaux de la concession de Roure, n'ont pas été exposés à cause de leurs trop grandes dimensions; le jury les a examinés avec intérêt. Les valeurs créées par la fonderie de Pontgibaud représentent annuellement une somme d'au moins 1,500,000 francs, provenant presque entièrement des minerais fournis par les mines de la Société. L'argent et le plomb entrent à peu près dans cette somme pour une part égale. Le nombre des ouvriers occupés dans les ateliers s'élève à plus de 800.

Les installations de mines, soit sur le groupe de Roure, de Rosier et de Mioche, soit sur celui de Pranal et de Barbecot, sont très-considérables. La puissance motrice du premier est de deux cent cinquante chevaux vapeur; celle du second, fournie par des machines hydrauliques, est d'une centaine de chevaux.

Les travaux occupent dans les filons une étendue très-vaste, comme le montre le plan de la concession de Roure.

La fonderie est un établissement très-complet et largement outillé. Pontgibaud est le plus grand centre de production de métaux autres que le fer que nous ayons en France.

Les gîtes de Pontgibaud renferment de grandes richesses, et les teneurs en argent de leurs minerais sont fort belles; mais comme la plupart des gîtes métallifères, ils ne sont pas constants, ce qui accroît beaucoup les frais d'établissement et stérilise de grandes installations.

La cherté de la houille et des transports lointains augmentent encore le prix de revient.

Le jury a accordé à la mine de Pontgibaud la médaille d'or de l'Empereur.

MINES DE BOUXHORS ET DE LA COMBELLE, COMPAGNIE DES MINES DE BRASSAC.

Cette compagnie a exposé une belle série d'échantillons de ses houilles : houille maréchale de Bouxhors, houille maigre à courte flamme de la Combelle ; de magnifiques échantillons de coke obtenu avec les houilles de Bouxhors lavées, et enfin deux blocs de charbon de grandes dimensions. Une collection d'outils de mineurs surmonte l'exposition. Cette compagnie, qui possède deux concessions très-importantes, tient, sous le rapport de la production, le premier rang dans le bassin de Brassac. Elle extrait annuellement 80,000 tonnes environ de charbon, qui représentent une valeur de 810,000 francs. Elle occupe constamment de 500 à 600 ouvriers, et sa force motrice est de 230 chevaux-vapeur.

A Bouxhors, la profondeur des travaux est de 180 mètres ; à la Combelle, elle est de 200 à 330 mètres.

La mine de Bouxhors est la seule dans le bassin de Brassac qui produise du coke sur une grande échelle. Ce coke est livré en très-grande partie à la compagnie du chemin de fer, il est aussi consommé dans les fours à manche de Pontgibaud.

La société des mines de Brassac est celle qui pratique le plus en grand la purification de la houille par le lavage ; les lavoirs mécaniques sont mus par une machine à vapeur. Elle fournit l'importante usine de Bourdon et ses annexes. Avant même que le chemin de fer de Brassac fût construit, cette compagnie avait pris l'initiative d'accroître ses installations et de contracter de grands marchés.

Depuis deux ou trois ans, elle se laisse dépasser, en ce

qui regarde les travaux d'avenir et les établissements intérieurs et extérieurs, par les exploitants du Grosménil et de la Taupe. Un embranchement de chemin de fer relie Bouxhors et la Combelle à la ligne de Clermont à Massiac.

Les gisements de l'une et de l'autre mine sont riches ; ils consistent en groupes de plusieurs couches d'un mètre à trois mètres d'épaisseur, et d'une régularité moyenne satisfaisante.

Le jury a décerné à cette exploitation importante une médaille d'or.

MINES DE HOUILLE DU GROSMÉNIL ET DE LA TAUPE, SOCIÉTÉ DES HOUILLÈRES DE LA HAUTE-LOIRE.

M. Lacretelle, directeur gérant, nous a fait une exposition très-complète des produits de son exploitation. Nous voyons, arrangés avec goût, une série d'échantillons de houilles de diverses sortes brutes et lavées : houille maréchale de la Taupe, houille demi-grasse du Grosménil, de beaux morceaux de coke de la mine de la Taupe. Au-dessus se trouvent les plans et les coupes, qui montrent la disposition des couches et les puits d'exploitation.

La production annuelle de la houille est de 55,000 à 60,000 tonnes, elle suit une marche ascendante ; elle occupe près de 400 ouvriers.

Le Grosménil est la mine de Brassac qui possède les plus belles installations. Depuis huit ou dix ans, on y a exécuté un très-grand ensemble de travaux de premier établissement, et dans peu de temps ces travaux seront achevés et complets. On a foncé un puits neuf de large section, sur lequel on a installé une machine puissante. Un tunnel de 1,100 mètres a été creusé pour mettre les puits en communication avec le chemin de fer. Ce tunnel est maintenant joint à deux puits, et a coupé au-delà un large amas, autrefois exploité, dans lequel on a pu établir de nouveaux chantiers. On a porté l'exploitation dans une importante portion du gite abandonné depuis le siècle dernier.

A la Taupe, on a foncé aussi un grand puits, monté une machine puissante, réparé le puits ancien, et exécuté de nouvelles recherches.

Au Grosménil, la profondeur des travaux est de 110 à 180 mètres. A deux étages on a repris d'anciens travaux, et exploité des piliers que le feu avait autrefois fait abandonner.

A la Taupe, la profondeur des travaux est de 235 à 243 mètres.

Pour les deux mines, la puissance motrice est de 200 chevaux-vapeur.

Le principal gîte de Grosménil est une couche dont la puissance varie de quatre à dix, parfois douze ou quinze mètres; elle est concave sur un grand développement, régulière, sauf quelques interruptions.

Le gîte principal de la Taupe est une masse allongée, dont l'épaisseur va jusqu'à vingt-cinq ou trente mètres, mais qui a moins de développement.

Le Grosménil fournit la plus grande partie de la houille menue, que la compagnie du chemin de fer transforme en briquettes, dans son atelier de Fondary. Cette fabrication est très-considérable; les briquettes alimentent les locomotives des trains de marchandises.

Le jury n'a pas cru devoir établir une distinction entre les deux groupes de mines du bassin de Brassac, et a accordé une médaille d'or à l'exploitation de Grosménil et de la Taupe.

MINES DE HOUILLE DE MÈGE-COSTE.

M. Casati, concessionnaire, a exposé des échantillons de charbons de diverses sortes et un bloc de grosses dimensions.

La concession de Mége-Coste possède le même gîte que la mine voisine de Bouxhors, mais elle ne contient ce gîte que sur une surface très-restreinte. Elle n'emploie que quatre-vingts ouvriers, et produit annuellement un peu plus de 10,000 tonnes. Les exploitants consomment eux-mêmes la plus grande partie de leurs menus charbons, dans leurs verreries de Mège-Coste et de Notre-Dame-du-Port. L'exploitation présente cette circonstance intéressante, qu'elle est établie à de faibles profondeurs, quarante-quatre à cinquante-huit mètres; qu'elle se poursuit soit au milieu des travaux des anciens extracteurs, soit dans des couches qui étaient autrefois dédaignées et que l'on délaisse encore dans la mine de Bouxhors, dont le champ est plus riche. Tout ce charbon est soigneusement enlevé dans la mine de Mège-Coste, dont le gîte est loin d'être indéfini, et dont les principales couches entrent dans le territoire voisin, à des profondeurs comprises entre cent et cent cinquante mètres.

Plusieurs chantiers sont sous le chemin de fer de Clermont à Brioude; on les remblaie avec soin pour éviter les grands et brusques tassements.

M. Casati a présenté une exposition très-complète et très-intéressante des produits de ses verreries à la domite.

Le jury a pensé que l'ensemble de ces deux expositions méritait une médaille d'or.

MINES DE HOUILLE DE SAINT-ÉLOI.

Les exploitants de ces mines présentent un énorme bloc de charbon, plus remarquable par ses dimensions que par sa pureté, des échantillons de leurs diverses sortes de houille, des échantillons de coke, un plan de leurs travaux et des coupes très-curieuses de leur principal gîte.

La production annuelle de ces mines est de 25,000 à 26,000 tonnes, parmi lesquelles le gros charbon entre pour une proportion comprise entre un tiers et un demi. La valeur moyenne de ce charbon, pris sur place, n'est aujourd'hui que de 7 francs 55 centimes environ, la tonne; mais elle s'élèvera notablement, lorsque les transports pourront se faire d'une manière économique. Le nombre des ouvriers employés n'est que de 230 environ.

Le territoire des deux concessions qui ont été instituées dans le bassin de Saint-Eloi, et qui aujourd'hui sont la propriété d'une seule compagnie, n'occupe qu'une surface assez restreinte; mais les gîtes sont d'une richesse très-exceptionnelle. Le plus important est un énorme amas allongé replié sur lui-même en dos de selle, qui en certaines parties présente une épaisseur totale de soixante-dix mètres au moins, et qui ailleurs s'étale en puissantes nappes.

La pureté de la houille, très-satisfaisante en certaines régions, est médiocre en d'autres. Cette houille est d'une grande dureté, ce qui a permis de donner un très-grand développement aux galeries d'exploitation et de recherches, sans augmenter beaucoup les frais d'entretien.

La houille est sèche, dure, à très-longue flamme, et par cela même très-apte à chauffer les fours à réverbère, peu apte à la fabrication du coke, bien que cette fabrication soit possible. Les échantillons de coke exposés, qui ont été faits avec de la houille non lavée, ne sauraient être regardés comme les produits d'une exploitation normale.

Les exploitants ont à lutter contre les progrès d'un vaste incendie souterrain qui menace sans cesse de s'étendre, et qui, malgré tous leurs efforts et toutes leurs précautions, leur a fait abandonner successivement divers puits et divers chantiers d'exploitation. On voit à l'exposition quelques échantillons, un peu avariés par le transport, des cristaux de soufre que l'on recueille dans quelques fissures par où s'échappent les gaz de cette combustion.

Le développement de l'extraction a été jusqu'ici arrêté uniquement par la cherté des transports. Pour atteindre les grands marchés, il faut voiturer les charbons par des routes montueuses, soit jusqu'à Montluçon, soit jusqu'à Clermont et Riom. Dans ces conditions, la lutte est impossible au nord avec Commentry, au midi avec Brassac. Tout changera lorsque le chemin de fer de Montluçon à Gannat aura été exécuté, et que le bassin de Saint-Eloy y sera relié.

En 1854, année où la houille faisait défaut dans le bassin de Montluçon à l'industrie métallurgique, la production s'était élevée à environ 60,000 tonnes. Ce n'est pas s'aventurer que de prévoir, après l'exécution du chemin de fer, une extraction normale de 100,000 à 120,000 tonnes. Mais ce développement exigera des travaux d'installation considérables, que déjà la Compagnie a entrepris et qu'elle pousse avec activité : foncement de trois puits nouveaux avec leurs engins, installation de trois machines de cent vingt chevaux chacune, déjà commandées, etc. La Compagnie devra pourvoir en outre à la construction d'un embranchement ferré de huit kilomètres environ, et ce sera la plus grande dépense.

Malgré la cherté du transport, et par suite du prix de revient, la Compagnie de Pontgibaud a toujours persisté à employer la houille de Saint-Eloy pour le grillage du minerai dans ses fours à réverbère, à cause de la nature spéciale de ce combustible.

Le jury a décerné à cette mine une médaille d'argent du ministre.

MINES D'ANTHRACITE DE CHARBONNIER.

Les échantillons de cette mine sont disposés avec goût ; on remarque des rognons sphéroïdaux d'anthracite analogues aux rognons de basalte ancien. La production annuelle de la mine est de 9,000 tonnes.

L'anthracite de Charbonnier est doué d'une grande puissance calorifique. Ce combustible est excellent pour les chaussiers.

Cette mine est éloignée d'environ cinq kilomètres du chemin de fer et de l'Allier, ce qui place les exploitants dans des conditions défavorables par rapport à leurs concurrents.

La houille de Charbonnier s'expédie en forte proportion dans le Bourbonnais, la Nièvre, etc., pour la cuisson de la chaux.

Le gîte renferme une grosse couche de 10 mètres environ de puissance, et quelques autres couches moins fortes. Les travaux souterrains n'avaient pas, il y a quelques années, une grande étendue; mais les exploitants ont récemment reconnu le prolongement vers le sud du gisement en voie d'extraction. Cette recherche a été longue, pénible et coûteuse, mais elle a été suivie d'un plein succès, et sera fort importante pour l'avenir.

Les travaux souterrains de Charbonnier sont fort bien tenus; il n'y a qu'un seul puits ayant 144 mètres de profondeur jusqu'aux galeries. La force motrice est de 13 chevaux vapeur.

Cette exploitation a été jugée digne d'une médaille d'argent.

MINES DE HOUILLES ANTHRACITEUSES DE MESSEIX. — M. CHARLES VAZEILHES ET Cie.

La mine de Messeix possède un gîte assez riche dont l'exploitation n'a pas été jusqu'à présent coûteuse, parce qu'elle s'est faite par galerie sans foncement de puits; mais les débouchés manquent à cette mine, située au milieu des montagnes. Elle vend un peu de charbon à la Compagnie de Pontgibaud pour le chauffage de ses machines à vapeur, et du menu pour la chaux au propriétaire de la carrière de Savennes. L'extraction ne dépasse pas 1,500 tonnes par an.

Le jury a admiré le bloc exposé, et a cru devoir encourager par une médaille de bronze l'exploitation de ces mines, appelées à avoir beaucoup plus d'importance quand le chemin de fer qui doit franchir les Dômes sera exécuté.

CARRIÈRES DE RUÈRE. — BEAU BLOC DE CHAUX CARBONATÉE, SACCHAROÏDE.

Le gisement de Ruère, tout à fait analogue au gisement voisin de Savennes, est remarquable en ce qu'il se trouve dans le terrain de gneiss, où il forme des bancs stratifiés, et au milieu d'un pays dépourvu d'autres couches calcaires, ce qui le rend d'autant plus précieux. Le voisinage de la mine de houille anthraciteuse de Messeix rend possible la production économique de la chaux, avantage important pour l'agriculture dans un pays de terre à bruyère. Cette chaux est grasse et peu propre à la bâtisse.

Le calcaire de Ruère a été exploité autrefois, mais il avait depus longtemps cessé de l'être, et toute la production de la chaux était concentrée à Savennes. L'an dernier, on avait le projet de remettre les carrières de Ruère en activité. Le jury a décerné une mention honorable aux produits de cette mine.

MINE DE BANSON. — M. BLANC, DE MARSEILLE.

L'échantillon exposé est remarquable par sa richesse et par la variété des substances métalliques qu'il contient. On y voit en particulier de la pyrite cuivreuse et de la galène très-riche en argent, de même teneur environ que celle des minerais de Pontgibaud. M. Blanc a obtenu la concession de la mine de Banson, dont il est le créateur, et dans laquelle il a dépensé un capital assez important en travaux de recherches rationnellement exécutés. Le filon a même direction que les filons exploités à Pontgibaud, et il se trouve exactement sur leur alignement prolongé. La mine nouvelle de Banson paraît dans son ensemble de richesse médiocre ; elle n'est pas exploitée aujourd'hui. Pour la mettre en valeur, il faudrait faire de très-grandes dépenses, installer un lavoir pour séparer le minerai de la gangue, créer ou améliorer des voies de communication. La fonderie de Pontgibaud n'achèterait le minerai que pour le plomb et l'argent ; elle n'est pas outillée pour l'extraction du cuivre.

La Commission a décerné à M. Blanc une mention très-honorable pour le bel échantillon qu'il nous a envoyé.

M. FAYET, DE MASSIAC.

Ce propriétaire a exposé deux magnifiques échantillons d'antimoine sulfuré en cristaux et un échantillon d'antimoine sulfuré fondu. Il existe aux environs de Massiac de riches gisements d'antimoine sulfuré qui ont récemment donné lieu à deux concessions nouvelles, et qui ont produit il y a quelques années une abondante quantité de minerai. M. Fayet n'a pas été l'un des titulaires de ces concessions, et il faut attribuer à des recherches nouvelles les beaux produits qu'il a envoyés, et pour lesquels le jury lui accorde une mention honorable.

M. RAVOUX, VICOMTE DE LANGEAC.

Cet exposant nous a donné un pain de régule d'antimoine. Il est concessionnaire de deux mines d'antimoine, dont l'une a été découverte par lui et a donné, il y a deux ou trois ans, d'abondants produits. Il a installé à Langeac une petite fonderie pour transformer en métal le minerai sulfuré, que l'on sépare de la gangue sur les mines mêmes.

Il y a traité non-seulement le minerai de ses propres mines, mais encore celui qui a été extrait de riches gisements des environs de Massiac. On peut regretter qu'il se soit borné à produire un simple pain, et qu'il n'y ait pas joint la série des produits successifs que donne le traitement, les matières premières, les fondants, etc. Le jury a néanmoins jugé digne d'une mention honorable le seul produit qu'il nous a envoyé.

MINES DE PLOMB DE MONISTROL-D'ALLIER.

M. Rigaudeau-Perdreaux, propriétaire, présente une vitrine renfermant de beaux échantillons de galène. Ces mines renferment plusieurs filons, dont l'un au moins possède d'assez bonnes colonnes minérales. La découverte en est due à M. Brutus Marie, qui en est devenu concessionnaire vers 1851, et qui maintenant dirige les travaux pour M. Rigaudeau. M. Marie a consacré une très-réelle intelligence, une persévérance et une volonté intrépides, à la recherche des mines métalliques; il a obtenu trois concessions dans la Haute-Loire. Le chemin de fer de Brioude à Alais passera à Monistrol, et donnera probablement plus de valeur à la mine. M. Rigaudeau est devenu tout récemment acquéreur de la concession. Le jury, d'accord avec lui, et désireux de récompenser les travaux persévérants de M. Marie Brutus, lui a décerné particulièrement une médaille de bronze.

M. MACHEBEUF-CONCHON.

Les visiteurs de l'exposition ont pu remarquer la magnifique pierre de taille tirée des carrières de Volvic, et placée à la poterne par M. Machebeuf. Les difficultés d'extraction d'un pareil monolithe sont assez considérables, et le jury a cru devoir décerner une médaille de bronze à l'exposant.

Tout le monde a regretté que les riches carrières de Volvic, qui ont bâti les villes et les villages du département, n'aient pas orné l'exposition des produits de leur extraction. On sait que cette pierre se prête admirablement à la sculpture, et qu'une école est établie à Volvic même. On aurait désiré apprécier les œuvres de cet établissement. Sans doute que la précipitation avec laquelle l'exposition a été décidée et faite, nous a seule privés de cette bonne fortune.

M. GILQUIN. — MEULES DE LA FERTÉ-SOUS-JOUARRE.

Les deux meules exposées sont belles et très-bien travaillées. M. Gilquin est lui-même fabricant à la Ferté, et il expose ses propres produits. Son dépôt à Clermont, bien approvisionné, rend d'importants services à la meunerie du pays. Nous avons regretté qu'il ne donnât pas son prix de vente. Il ne suffit pas en industrie que les produits soient beaux; leur bon marché relatif est une partie de leur mérite. Le jury a décerné à M. Gilquin une médaille de bronze.

M. BASCANS, DE GANNAT. — MEULES FAITES AVEC LA PIERRE DE LA FERTÉ.

Cet exposant, connu déjà par le bon marché et la qualité de ses produits, nous a présenté aussi deux meules bien conditionnées, faites avec de la pierre bleue de la Ferté, qui est très-rare. Ces meules sont soignées et d'un prix inférieur au prix généralement courant.

M. Bascans nous a encore exposé des brouettes à sac bien faites et au prix de 12 fr.; elles se vendent généralement 20 à 25 fr.

Enfin, nous lui devons aussi une bascule à romaine d'un

nouveau système. Les couteaux qui la rendent mobile portent sur trois points; celles de Béranger portent sur quatre. Cette simplification et d'autres modifications dans le bâtis, lui permettent de livrer une bascule de 300 kilogr. au prix de 45 fr.. Elles se vendent généralement de 70 à 80 fr. La bascule présentée au jury n'est pas encore dans le commerce; c'est un premier spécimen de l'invention.

M. Bascans a déjà obtenu, au Concours régional, une médaille d'argent pour une bascule ordinaire à peser les animaux et pour des instruments d'agriculture. Nous lui avons décerné une médaille de bronze pour l'ensemble de son exposition industrielle.

M. THIBAUD. — UNE MEULE DE SAINT-MARC-LA-PILE, PRÈS DE TOURS.

Cette meule est belle et bien travaillée. Les meules de cette sorte sont bonnes et estimées, mais elles ne valent rien pour la mouture des blés durs de la Limagne.

Le jury a décerné à M. Thibaud une mention honorable.

§ II. — Art forestier et Sériculture.

L'Auvergne a été autrefois un pays riche en forêts, comme l'attestent nos archives; et nos Dômes, aujourd'hui dénudés et convertis en pacages arides par la dent meurtrière du mouton, étaient jadis couronnés par de hautes futaies verdoyantes, dont il reste çà et là quelques vestiges.

A cette époque, nos petits cours d'eau devaient être mieux alimentés, et bien des vallons aujourd'hui à sec, étaient rafraîchis par des ruisseaux abondants.

On sait que les bois des montagnes sont des réservoirs d'eau permanents pour les plaines environnantes, en même temps qu'ils modifient d'une manière notable le régime des vents et l'état électrique de l'atmosphère. On reboise aujourd'hui nos pacages, et dans un avenir peu éloigné, l'Auvergne aura repris, sous le rapport forestier, une partie de son ancienne importance.

L'exposition n'offre qu'un échantillon de notre art forestier, qui mérite une mention honorable; il est dû à M. Riberolles. C'est un sapin magnifique et de grandes dimensions.

La culture des vers à soie n'est pas florissante non plus dans notre département, quoique l'histoire nous apprenne qu'autrefois elle avait lieu avec succès en Auvergne. Les tentatives récentes qui ont été faites pour remettre cette industrie en vigueur, n'ont pas donné des résultats satisfaisants. A quoi faut-il attribuer ces échecs? Le climat s'est-il modifié? Les vers ont-ils dégénéré? Peut-être l'une et l'autre cause ont produit simultanément ce résultat.

Quoi qu'il en soit, constatons que ces insuccès n'ont pas empêché de nouvelles tentatives, qui, nous l'espérons, seront plus heureuses. M. Bouvet, d'Auzon; M. Delbet, de Massiac; et Mme Gizard, d'Ardes, nous ont envoyé de la graine et des cocons de vers à soie. Nous savons d'ailleurs que plusieurs de ces exposants font annuellement des expéditions de graines dans le Midi, qui recherche leurs produits comme étant de qualité supérieure. Une mention honorable nous a paru devoir encourager toutes ces expériences.

§ III. — Machines à vapeur.

Les machines à vapeur sont aujourd'hui un outil universel, auquel on emprunte le mouvement pour presque toutes les industries. Depuis Watt, de nombreuses modifications ont été apportées dans leur construction, soit pour simplifier le mécanisme, soit pour donner la force avec plus d'économie. Les machines de Watt étaient à cylindre vertical, avec détente invariable; maintenant on les fait généralement à cylindre horizontal, et plusieurs constructeurs sont parvenus, par des mécanismes simples et ingénieux, à leur donner une détente variable à volonté.

L'avantage de la machine horizontale est dû surtout à la simplicité et à la solidité de l'installation, qui n'exige qu'un bâtis solide près du sol, et qui met tous les organes à la portée de la main du machiniste; la variabilité de la détente permet de mesurer la dépense de vapeur au travail à effectuer.

La plupart des grandes expositions industrielles se font remarquer par le nombre des machines à vapeur, et leur mouvement entretient en quelque sorte la vie de ces solennités, en même temps qu'il excite toujours vivement la curiosité des visiteurs. La nôtre était pauvre sous ce rapport, nous n'en avions que trois à examiner :

1° Une machine horizontale à haute pression, avec détente et sans condensation, de MM. Guidez et Cie, constructeurs à Nevers;

2° Une machine verticale d'un nouveau système, de M. Fontanet, mécanicien à Clermont;

3° Une locomobile de MM. Lhéritier, mécaniciens à Clermont.

MACHINE A VAPEUR DE MM. GUIDEZ ET Cie, CONSTRUCTEURS A NEVERS.

Cette marchine est parfaitement exécutée, elle est de la force de six chevaux environ; les différents organes sont élégants et d'un fini remarquable.

La détente s'opère suivant le système Meyer, au moyen d'un second tiroir glissant sur le tiroir ordinaire de distribution, et formé de deux plaques réunies par une vis double qui permet de les éloigner ou de les rapprocher à volonté; ces deux plaques bouchent plus ou moins tôt les orifices d'introduction de la vapeur, situés sur les faces du tiroir ordinaire, de sorte que le temps pendant lequel la vapeur agit à pleine pression peut changer au gré du machiniste; c'est un des plus simples systèmes de détente.

M. Guidez l'a un peu modifié, en donnant au tiroir de détente une course longue, et par conséquent rapide, qui ferme plus brusquement l'ouverture destinée au passage de la vapeur. Cette modification permet de détendre aussi peu et autant que l'on veut, avec une régularité parfaite. Le tiroir ordinaire est muni d'un recouvrement qui produit déjà une première détente, même lorsque l'autre tiroir n'a aucun effet utile.

Malgré l'absence de condensation, la bonne exécution du moteur permet à M. Guidez de garantir ses machines pour une dépense 3 kg., 5 de charbon par heure et par force de cheval.

M. Guidez a été contre-maître chez M. Daubrée, dont il dirigeait les ateliers avec beaucoup d'activité et d'intelligence; il s'est déjà acquis une juste réputation à Nevers pour ses bons travaux et le fini des machines livrées; le jury lui a décerné une médaille d'argent du ministre.

MACHINE A VAPEUR DE M. FONTANET, MÉCANICIEN A CLERMONT.

La machine à vapeur de M. Fontanet attire les regards du public par l'originalité de sa construction. Le cylindre vertical est posé sur deux jambes en fonte, qui reposent sur un bâtis de maçonnerie. Une glissière se trouve au-dessus de ce cylindre, venue de fonte avec lui. Une bielle double fait tourner par une double manivelle l'arbre de couche, qui est situé entre les jambes du cylindre. On n'aperçoit ni conduite de vapeur ni tiroir de distribution; l'admission de la vapeur se fait par l'une des jambes, tandis que l'échappement se fait par l'autre, après que la vapeur d'échappement a entouré la presque totalité du cylindre moteur.

Le tiroir de distribution est circulaire, il est situé au-dessous du cylindre; cette distribution se fait très-simplement, et un système ingénieux de détente automotrice y est adapté. Le tiroir circulaire est mu par un petit engrenage conique situé entre les jambes du cylindre, et la détente par un régulateur à force centrifuge, situé dans la même région.

L'ensemble de la machine est gracieux et élégant, les pièces sont d'une construction soignée. La machine marche parfaitement à vide.

Au reste, sauf le système de détente, qui est d'une invention récente, une machine semblable due au même constructeur marche depuis longtemps dans les environs de Clermont, à la satisfaction du propriétaire.

Nous aurions à reprocher à ce système plusieurs défauts, qui nous semblent frappants. En premier lieu, il est fâcheux qu'un organe important, comme le tiroir de distribution, soit caché, de telle sorte que, pour le réparer, il faille démonter le cylindre, qui entraîne avec lui les glissières et les bielles. En second lieu, nous pensons que l'ensemble du cylindre, de ses jambes et des glissières, forme une colonne un peu longue, et par suite manquant un peu de stabilité, à cause de la hauteur du centre de gravité. Enfin les glissières, malgré la longueur des bielles, nous ont paru un peu maigres, eu égard aux efforts latéraux qu'elles devront supporter quand la machine travaillera.

Il peut se faire que l'expérience ne justifie pas les craintes de notre critique; nous avons cru néanmoins devoir les formuler, parce que M. Fontanet nous a paru un mécanicien fort habile et fort intelligent, dont nous voudrions voir les efforts tournés plutôt vers le perfectionnement des machines horizontales, qui sont reconnues bonnes à peu près sur tous les points, que vers des innovations dont le succès est encore douteux, et dont l'expérience peut être coûteuse.

C'est avec bonheur que le jury a accordé à cette exposition une médaille de bronze du ministre.

§ IV. — Pompes et Machines hydrauliques.

Le nombre des pompes exposées est assez considérable; toutes sont à peu près suivant le même système; elles se divisent cependant en deux catégories: les unes sont aspirantes et élévatoires; d'autres, destinées aux incendies et à l'arrosage, sont aspirantes et foulantes.

Les premières pompes élévatoires se composaient d'un cylindre en bois évidé, dans lequel on ajustait un piston de même nature; ces machines primitives sont maintenant généralement abandonnées, à cause des dérangements fréquents auxquels elles sont sujettes; on les remplace par des pompes entièrement métalliques.

M. BUCHETTI. — POMPES, ROBINETS.

La maison Buchetti nous a exposé plusieurs de ses produits, qui nous ont frappé par leur bonne construction, et la simplicité du système des clapets, qui se composent d'un simple disque métallique bien uni, libre de se mouvoir dans une cage formée de quatre branches, et retombant par son propre poids sur l'ouverture qu'il doit fermer. Ces pompes sont mises en mouvement soit au moyen d'un levier, soit au moyen d'une manivelle adaptée à une roue faisant volant. M. Buchetti nous a exposé en même temps une pompe à incendie entièrement construite dans ses ateliers, et d'un prix assez modique.

L'ensemble de sa robineterie, entièrement faite par lui, a attiré l'attention du jury par l'élégance et la perfection du moulage, et aussi par la variété des dimensions des modèles.

M. Buchetti nous a exposé encore une machine complète, pour la fabricatinn des eaux gazeuses artificielles; cet appareil a paru parfaitement entendu et construit, et le jury a pu apprécier quelques perfectionnements apportés par M. Buchetti fils dans les détails.

Nous ajouterons à cette liste, la machine même dont M. Buchetti se sert pour aleser ses cylindres en cuivre, outil simple et qui présente un mouvement différentiel, faisant avancer l'outil à mesure que le travail s'opère. Cette machine, dont nous devrions parler ailleurs, mais que nous rattachons à l'exposition de M. Buchetti, a été faite sur ses plans.

Le jury, frappé des mérites divers des produits exposés, a décerné à leur ensemble une médaille d'argent.

Mentionnons les pompes de jardin de MM. Lhéritier, qui nous ont paru convenablement construites; nous pensons pourtant que la pompe brouette, qu'il faut alimenter d'abord au moyen d'arrosoirs, est peu avantageuse dans la pratique.

M. THEVAUX-CATONNET. — TURBINE.

En dehors des pompes, la seule machine hydraulique de l'exposition est une turbine construite par M. Thevaut-Catonnet de Thiers,

Il y a plus d'un siècle que le savant Euler a posé les bases de la théorie des roues à axe vertical, en s'occupant d'une roue de ce genre imaginée par Segner.

En 1826 la Société d'encouragement proposa un prix de 6000 francs pour l'application en grand, dans les usines ou manufactures, des roues à palettes courbes de Bélidor. Des deux concurrents qui se présentèrent au concours, l'année suivante, M. Burdin, ingénieur des mines, fut le seul jugé digne d'une médaille d'or de la valeur de 2000 francs à titre d'encouragement pour ses beaux et utiles travaux.

M. Burdin présenta en effet, au 1er mai 1827, un mémoire fort étendu et les dessins de trois espèces de turbines, dont une à axe horizontal, la seconde à axe vertical, et la troisième immergée. La première turbine, qu'il avait établie dès 1822 à la manufacture royale d'armes de Saint-Etienne, fut expérimentée par une commission composée de MM. Théollier, Laroche, Baunier et Marcellin, et fut reconnue produire un effet plus considérable que celui que l'on obtenait de l'ancienne roue à augets placée dans les mêmes circonstances.

La roue à axe vertical et à évacuation alternative, également établie par M. Burdin aux moulins de Pontgibaud, fut examinée par une commission spéciale nommée le 16 octobre 1826, par M. le préfet du département du Puy-de-Dôme. Elle remplaçait, avec une grande économie d'eau, une roue dite à Sabot. Son effet utile était de 0,65. La commission remarqua et signala dans son rapport sa légèreté, le petit espace qu'elle exigeait, son économie de construction, et la possibilité de lui faire dépenser au besoin beaucoup d'eau. On trouve une description de cette turbine dans les *Annales des mines* de 1833.

Dès 1824, MM. Prony, Gérard et Dupin avaient fait à l'Académie des sciences un rapport très-favorable sur les roues de M. Burdin.

Malgré les avantages remarquables signalés par M. Burdin et réalisés dans la pratique, les turbines restèrent longtemps encore sans application. M. Fourneyron, élève de M. Burdin, s'attacha avec une persévérance remarquable à faire passer cette machine du domaine de la théorie dans celui de l'application industrielle, et il y réussit.

Sa turbine est une de celles de M. Burdin, avec des modifications importantes indiquées par la pratique.

La turbine Fourneyron est une couronne ressemblant à

une roue à augets renversée, et placée horizontalement; les augets y sont remplacés par des aubes courbes; une roue fixe intérieure qui reçoit l'eau par un système de vannage convenable, dirige l'eau sur les aubes de la turbine. Le grand principe qui doit guider le constructeur et l'installateur d'une turbine comme d'une roue hydraulique quelconque, a été formulé par M. Burdin : il faut recevoir l'eau sans choc, et la rendre sans vitesse. Ces conditions sont irréalisables absolument parlant; on s'en rapproche autant que possible.

D'autres turbines se composent de deux couronnes superposées, l'une supérieure fixe à canaux directeurs, l'autre mobile à canaux courbes réacteurs; c'est le système de la turbine établie par M. Burdin à Pontgibaud, perfectionné par l'augmentation du nombre des aubes et l'emploi de la fonte au lieu du bois.

Nous avons à l'exposition une roue de ce genre, qui nous a paru construite convenablement. M. Thévaux n'est pas à son premier essai; il a construit pour diverses usines de Thiers des turbines de divers systèmes, qui ont donné de très-bons résultats. M. Tournaire a constaté au frein que l'une d'elle avait un rendement de 0,65 à 0,70.

Nous pouvons reprocher au modèle exposé l'absence de vannage, ce qui rend la machine moins coûteuse, mais un peu incomplète; sans doute il est possible de boucher à la main un certain nombre d'orifices injecteurs, mais ce procédé est par trop primitif.

Le jury, désireux d'encourager M. Thévaux dans les efforts qu'il fait pour propager ce système si commode de roue hydraulique, lui a accordé une médaille de bronze.

§ V. — Machines diverses.

A côté des importantes machines que nous venons de mentionner, l'exposition renfermait encore un grand nombre d'outils destinés à divers usages ; nous allons dire quelques mots des exposants primés.

M. BOUFFARD, MÉCANICIEN A CLERMONT. — MÉDAILLE D'ARGENT.

Cet exposant nous a présenté :

1° *Une machine à percer et couper le fer.* C'est une vis à balancier, fonctionnant avec une grande régularité, et remarquable par le fini du travail.

2° *Une machine à percer, fraiser et épauler le fil de fer.* Cet outil, d'une excellente construction, fonctionne parfaitement.

3° *Deux porte-bouteilles d'un nouveau système.* Ces appareils nous semblent d'une simplicité remarquable. Toutes les pièces sont faites à la mécanique, ce qui permet de les établir à bon marché.

4° *Tendeurs à double tirage pour le fil de fer.* Il est difficile d'imaginer un système plus simple, et nous croyons que cet instrument, livré à très-bon marché, sera adopté par tous ceux qui en auront examiné le jeu facile et la commode installation.

En résumé l'exposition de ce mécanicien a paru remarquable au jury, tant au point de vue de l'invention qu'au point de vue du fini de l'exécution.

M. DUMAS, INGÉNIEUR MÉCANICIEN A CLERMONT. — MÉDAILLE D'ARGENT.

L'exposition de M. Dumas renferme un grand nombre d'outils et d'appareils divers.

1° *Une machine à couper le papier ou le carton.*

Cette machine n'est pas de l'invention totale de M. Dumas; elle diffère de l'ancienne par un levier articulé et par deux bielles, qui servent à régler la marche du couteau. L'outil, fondu sur les plans de M. Dumas, monté et fini par lui, mérite une mention spéciale.

2° *Machines à satiner les épreuves photographiques.* Remarquables par le fini de l'exécution et la modicité de leurs prix.

3° *Une presse autographique*, parfaitement exécutée.

4° *Un fourneau pour la trempe des lames de couteau.* Cet appareil, entièrement inventé par M. Dumas, est employé à Thiers avec beaucoup de succès; il permet de donner à toutes les parties de la lame la même température, condition essentielle d'une bonne trempe.

5° *Serrure de sûreté*, dont une très-forte marchant à l'aide d'une clef pesant un gramme. C'est une pièce parfaitement faite et achevée, qui témoigne de l'habileté de l'ouvrier.

6° *Un cache-entrée de voyage*, appareil de sûreté pour les voyageurs, plus curieux que réellement utile.

7° *Une machine à peler les chinois.* C'est un complément aux appareils de confiserie pour lesquels il est breveté.

8° *Robinets divers*, fondus sur les plans de M. Dumas.

M. Dumas a dirigé longtemps les travaux des ateliers de MM. Lhéritier; il est aujourd'hui à son compte. Son habileté connue et appréciée lui garantit le succès.

M. RIBEYRE DE CLERMONT. — MÉDAILLE DE BRONZE.

M. Ribeyre nous a exposé diverses machines bien exécutées, quoique beaucoup moins soignées dans les détails que celles de M. Bouffard.

1° *Machine à faire les bois des allumettes chimiques.* Beaucoup de fabricants d'allumettes fendent à la main leurs bois, à l'aide d'un couteau de sabotier, ils espacent à vue leurs coups de couteau, et on comprend qu'avec un peu d'habitude on produit ainsi des allumettes sensiblement égales. M. Ribeyre a voulu substituer la précision mécanique à ce procédé primitif; sa machine fait avancer régulièrement le bois à couper sous le couteau, qui a un mouvement de va-et-vient alternatif; une fois arrivé au bout de sa course, on retourne à la main le morceau de bois, et un mouvement en sens contraire le fait passer sous le couteau, qui détermine ainsi des allumettes à section carrée et parfaitement égales. Sa machine, qui marche à l'aide d'une pédale, et qui est établie à bas prix, pourra rendre des services à la petite industrie. Il faut dire que ce premier spécimen, pour lequel il se propose de prendre un brevet, exige encore quelques perfectionnements de détails.

2° *Machine à mouler les tuiles.*

Il existe des machines qui en même temps broient et divisent les terres, moulent et démoulent les briques et les tuiles; nous citerons en particulier celle de M. Corville, qui a reçu le prix de mécanique à l'Académie des sciences, et un autre de M. Capouillet, fondée sur un principe différent.

La machine de M. Ribeyre a un but plus modeste, elle ne sert qu'au moulage des briques. Nous pensons qu'elle est un peu lourde et un peu puissante pour ce moulage, qui n'exige pas en réalité une grande force, et que l'ouvrier ne peut pas faire beaucoup de travail en s'en servant.

Cette machine fonctionne à Lezoux, dit l'inventeur, et donne de bons résultats.

3° *Boîte à pivot,* brevetée en 1856.

Cette boîte à pivot permet un abondant graissage, parce que le pivot baigne constamment dans la graisse. L'inventeur en a déjà installé un grand nombre, qui fonctionnent d'une manière satisfaisante.

4° *Quatre presses à cornes* et *une machine à percer* qui ne présentent rien de remarquable.

M. GATTARD. — MÉDAILLE DE BRONZE.

M. Gattard est l'inventeur d'une *pelotonneuse* pour la laine, ingénieusement conçue et remplissant complètement le but qu'il s'était proposé d'atteindre, à savoir : faire un grand nombre de pelotes à la fois, leur donner un volume assez considérable relativement à leur poids, les rendre toutes de même poids sans être obligé de les peser, faire varier leur forme à volonté. Il serait difficile sans figure de donner une idée des moyens employés par M. Gattard pour obtenir tous ces résultats; qu'il nous suffise de dire que cette machine a fonctionné devant nous, et que nous avons admiré les ingénieuses combinaisons de l'auteur.

Un compteur automatique marche avec la machine, et fixe le nombre des tours dont la pelote sera formée. Une fois à la fin de sa course, la machine s'arrête instantanément et d'elle-même. Si pendant l'opération un fil vient à casser, un timbre en avertit l'ouvrière.

Nous avons remarqué deux rouleaux coniques à pointes saillantes, qui permettent de donner fort simplement au fil des vitesses d'enroulement diverses, à mesure que la pelote grossit.

M. Gattard a fait pour son invention des sacrifices qui ont nui à la prospérité de ses affaires industrielles ; le jury a été heureux de récompenser son invention d'une médaille de bronze.

MM. CAREL ET BESSERVE, DE CLERMONT. — MOULES POUR PATES ALIMENTAIRES. — MÉDAILLE DE BRONZE.

L'industrie des pâtes d'Auvergne a pris aujourd'hui un développement considérable, et c'est par millions qu'il faut compter le chiffre d'affaires de toutes nos fabriques réunies. Pour cette industrie, il faut des moules à la fois solides et élégants, qui tamisent la pâte et lui donnent les formes les plus variées. Jusqu'en 1856, il n'existait en France que trois fabricants de moules, l'un à Paris, l'autre à Marseille, et le troisième à Toulouse. Il était à désirer que notre contrée, si importante au point de vue des pâtes, ne fût pas obligée de recourir à d'autres villes pour se fournir de moules, et pour réparer les vieux moules détériorés.

En 1853, un mécanicien de Clermont eut l'idée de faire des moules; mais il se trouva bientôt rebuté par les nombreuses difficultés du travail; il engagea M. Besserve, ouvrier dont il avait apprécié toute l'habileté, à essayer de vaincre les difficultés qui l'avaient arrêté. A force de patience, ce dernier parvint à faire un moule passable, qu'il livra à M. Ramade-Dourif, en février 1856. Depuis, en étudiant encore la question, en s'outillant mieux, il a donné à son industrie une grande perfection. A partir de 1859, M. Besserve a vu s'accroître les commandes et augmenter son industrie. Il s'est adjoint M. Carel, dont il a dirigé les travaux, et leur industrie a pris un développement considérable déjà.

Non seulement ils fournissent les fabricants de pâtes du département, mais ils reçoivent des commandes d'une douzaine de départements : le Rhône, la Loire-Inférieure, la Seine, Vaucluse, Drôme, Isère, Savoie, Gard, Hérault, Haute-Garonne, etc.

Ce qui fait le mérite des travaux de cette industrie, c'est que tout est fait à la main, et sans l'aide d'aucun mécanisme.

La plaque brute de cuivre est le produit de la métallurgie; tous les trous avec leurs diverses formes, sont creusés par l'ouvrier, et une seule plaque achevée est le résultat d'au moins cent cinquante mille coups de marteau.

Parmi les plaques exposées, nous en avons remarqué une qui donne à la fois quatre dessins différents, et par suite des pâtes assorties de qualités identiques.

Le jury, frappé de l'importance des résultats déjà acquis, et désireux d'encourager une industrie, qui a pris racine dans un pays où elle est si naturellement placée, a accordé une médaille de bronze du Ministre à MM. Carel et Besserve.

M. BERAUD. — MACHINE A PERCER. — MENTION HONORABLE.

Cette petite machine, à la fois élégante et simple, est employée au travail des sabots. Elle présente cette disposition remarquable, que l'outil est fixe, et que le sabot s'approche ou s'éloigne de la mèche au moyen d'un mouvement d'excentrique.

Le jury a cru devoir accorder la même distinction aux exposants dont les noms suivent, et placés dans la même section :

M. Chameil, de Clermont, pour ses mesures de capacité et ses bascules.

M. Got, de Lempdes, pour un tour en bois construit et monté par lui, malgré sa cécité.

M. Périnet, de Chamalières, pour un bouche-bouteilles fort simple et très-bon marché, dont les visiteurs ont apprécié le mérite en les achetant en grand nombre à l'inventeur.

M. Tachet-Bughon, de Clermont, pour une calandre à trois cylindres, et des crics solidement construits.

M. Bonin, de Cusset, pour un appareil à chauffer les serres ; c'est une chaudière en cuivre parfaitement faite.

M. Barbier, de Paris, fabricant de mètres et de jauges à ressorts, inventés par M. Du Liége de Puy-Chaumeix. Dans la même vitrine, nous avons vu un petit modèle d'une modification importante apportée par le même inventeur au sommier Tucker et au fusil Lefaucheux.

M. Michel Antoine, de Chamaillères, pour des instruments d'agriculture et de taillanderie.

M. Michel Frangin neveu, pour de très-bons marteaux destinés au repiquage des meules.

M. Blanzat fils, pour une régle à cintrer les meules, afin de leur donner dans l'opération de la taille la forme conique nécessaire à l'entrée des grains.

M. Marcheix, pour ses appareils à nettoyer les routes et à ramasser les boues.

M. Michelet, pour ses outils de sabotier.

M. Conan, pour un système ingénieuxde cuvette inodore.

M. Mazet, pour un appareil en cuivre destiné à donner des bains de vapeur aromatiques. Cet appareil présente plusieurs améliorations importantes dues à M. Mazet.

M. FOCILLON. — *Appareil portatif pour la fabrication du gaz.* — Le jury a aussi accordé une mention honorable à M. *Focillon* pour son gazomètre portatif. Tout en louant l'auteur des améliorations qu'il a su apporter à des appareils analogues, nous ne partageons pas ses convictions relativement à l'économie de production du gaz, dans une usine en miniature.

M. SEZILLE, *de Noyon (Oise)*. — *Pétrin mécanique.* — Ce pétrin ne pourrait, comme la plupart des appareils analogues, achever complètement le pétrissage; mais il est convenablement établi pour effectuer la première partie de l'opération. Il consiste en une longue caisse, sur laquelle court une roue à aubes qui soulève la pâte, et la bat à mesure qu'elle se meut d'un bout à l'autre du pétrin.

M. RICHARD, *de Besse.* — *Machine à faire les tenons des bras des roues.* — Cette machine, que l'auteur a fait fonctionner devant nous, est un modèle de première conception qui, au moyen de deux scies circulaires jumelles horizontales, et de deux scies jumelles verticales, enlève à l'extrémité des bras des roues les quantités de bois nécessaires, et fabrique ainsi très-rapidement les tenons d'une égalité parfaite.

Elle laisse encore à désirer au point de vue de la perfection de l'ouvrage, et nous a semblé trop compliquée pour être livrée à bon marché.

M. Deldevez. — *Atrugine.* — *Appareil à enlever la lie d'un tonneau de vin, à mesure qu'elle se forme.* — Cet appareil est complètement nouveau, et n'a pas encore reçu de l'expérience en grand une sanction suffisante pour motiver une récompense importante. Il est ingénieusement conçu; il consiste en un petit tonnelet placé au-dessous du tonneau, plein de vin au début, et uni au liquide du tonneau principal par deux tuyaux, dont l'un reçoit la lie qui se forme, et l'autre laisse remonter à sa place le vin du tonnelet; le premier tuyau va jusqu'en bas du tonnelet, et le second part de la partie supérieure pour pénétrer au-dessus de la lie. Mention honorable.

M. Christmann. — *Pièces de fonte sans modèles, Pièces en fonte brute avec modèles.* — Ce fondeur habile fond depuis fort longtemps, avec une grande précision, des roues d'engrenage sans modèle, de toutes les dimensions. C'est à l'aide d'un procédé bien connu aujourd'hui, mais qu'il pratique journellement avec succès.

Les autres produits de cette bonne fonderie ne laissent rien à désirer, et les ateliers de M. Christmann ont maintenant, sous ce rapport, une réputation justement méritée. Le jury lui a accordé une médaille d'argent.

M. AMENC, DE CLERMONT. — GODET GRAISSEUR, HUILES ET GRAISSES DIVERSES.

Depuis plus de dix ans déjà, M. Amenc s'occupe de la question du graissage des machines, et il lui a fait faire des progrès remarquables.

Les premiers pas dans la mécanique pratique nous montrent toute l'importance qu'il y a à diminuer le frottement. Les machines sont des réservoirs où se déverse momentanément le travail moteur. Nous recueillons en travail utile une partie de ce qui a été versé; l'autre s'écoule inutilement, absorbée par les frottements de toute nature, qui sont comme des fissures du réservoir. Une machine ne nous rend jamais en travail utile qu'une partie du travail moteur qui l'a animée; elle nous fait payer généralement un fort intérêt de commodité; dix, vingt, trente pour cent, sont des taux assez communs pour de bonnes machines. Diminuer cette redevance est un moyen de s'enrichir, et nous savons tous que les corps gras jouissent de la propriété d'amoindrir les frottements.

Mais tous ne sont pas équivalents à ce point de vue. Pour un bon graissage, l'huile doit réunir trois qualités essentielles, qui sont :

1° D'être grasse, de manière à ne point sécher à l'air quand elle est sur les machines, et les emplâtrer au point qu'on ne puisse enlever le cambouis qui se forme par la légère usure des métaux frottant les uns sur les autres;

2° De n'avoir aucune action chimique sur les métaux et d'être entièrement neutre, de manière à ne produire aucune oxydation ;

3° L'huile doit être assez fluide pour passer par le trou du coussinet, de manière à pénétrer dans toutes les parties frottantes, et assez adhésive pour ne point se répandre et couler en pure perte.

M. Amenc a étudié scientifiquement les deux corps gras qu'il livre à la consommation de l'industrie, à l'aide d'un pendule à frottement. Qu'on se figure un pendule à lentille pesante (quinze kilogr.), suspendu par un collier en bronze à un axe en fer, autour duquel il tourne, à frottement. Au moyen d'une poulie imprimons à l'axe, par un moteur quelconque, une vitesse de rotation; le pendule s'écartera de la verticale, et il prendra une position moyenne d'équilibre qui sera liée au coefficient de frottement. Cherchons d'abord l'angle de déviation, en faisant frotter à sec le fer contre le bronze; puis recommençons l'expérience en graissant à l'aide de diverses huiles; nous verrons l'angle de déviation diminuer, mais de quantités inégales pour les huiles de diverses qualités; nous pourrons ainsi classer les produits au point de vue industriel, et c'est ce que M. Amenc a fait.

Il s'est occupé aussi des moyens de graisser. Presque tous ceux que l'on emploie laissent à désirer; dans beaucoup de cas on se borne à verser de l'huile sur les parties frottantes, on peut en mettre trop ou trop peu, rien ne guide la main de l'ouvrier. Dans les machines bien faites, un petit réservoir permet de verser sans en perdre un excès d'huile, qui entretient constamment les poulies frottantes dans un état convenable d'humidité; mais ce système a l'inconvénient de laisser en contact l'huile pure et l'huile qui a servi; ce mélange ne tarde pas à altérer la masse entière, de sorte que l'excès d'huile est impropre au graissage. M. Amenc a inventé un petit appareil, le godet graisseur, qui coûte peu de chose, s'adapte facilement à un arbre quelconque, et donne un graissage régulier au fur et à mesure des besoins. Il se compose essentiellement d'une boîte munie d'un tuyau vertical qui conduit l'huile sur l'arbre (c'est ce tuyau qui retient le godet sur le palier); ce tuyau vertical est fermé en partie par un cône, qui peut s'élever ou s'abaisser plus ou moins, de manière à agrandir ou rétrécir l'ouverture par laquelle l'huile pénètrera.

Un tuyau horizontal surmonte ce tuyau vertical en croix, et communique avec lui par son milieu; l'une des extrémités reçoit l'huile d'une petite pompe; cette huile, lancée dans ce tuyau horizontal, va en partie vers l'arbre à graisser, et l'excès s'écoule dans le godet par l'autre extrémité.

La pompe est mue par l'arbre lui-même, armé d'une

came qui vient élever le levier de la pompe à chaque tour; il retombe par son propre poids.

On voit que le graissage se fait goutte à goutte et au fur et à mesure des besoins; l'huile qui a servi ne vient plus se mêler avec l'huile non encore employée; le graissage cesse aussitôt que la machine cesse de travailler, et la dépense est proportionnelle au travail effectué. Il est certain que ce godet, d'une installation très-facile, doit donner une grande économie au point de vue de la dépense d'huile. M. Amenc les livre à huit francs.

Je ne parlerai pas des divers corps gras qu'il livre à la consommation industrielle; il en a de tous prix, de toutes qualités et appropriés à tous les besoins; qu'il me suffise de dire que ses produits, généralement plus chers que ceux de ses concurrents, sont cependant recherchés aujourd'hui de préférence, et que le chiffre d'affaires de son industrie s'élève à 250,000 francs.

Le jury, désireux de récompenser comme elle le mérite une industrie aussi importante et qui a reçu déjà de nombreux encouragements à diverses expositions, a rappelé la médaille d'argent qui lui a été accordée au Concours régional pour son godet graisseur.

Arts de précision. — Sciences physiques. — Enseignement.

Nous avons rangé dans ce groupe la fabrication des câbles, l'horlogerie, et les instruments de physique.

CABLES.

M. Pieux-Aubert, de Clermont, a frappé tout le jury par sa belle exposition de câbles en chanvre et en fer, et de câbles électriques sous-marins; il lui a été décerné une médaille d'or.

En concurrence avec une compagnie anglaise pour les cordages en fil de fer demandés par la marine impériale, M. Pieux-Aubert a montré la supériorité de ses produits, et il est resté le seul fournisseur depuis cinq ans. Au 25 mars dernier il a fait un marché par lequel il doit fournir par mois 15,000 kilog. de cordages en fil de fer pour l'armement des flottes dans les cinq ports de l'empire.

M. Pieux-Aubert fournit aussi de cordages les diverses mines avoisinantes, et ses produits sont reconnus aujourd'hui pour être de qualité supérieure.

Il est l'inventeur d'un nouveau câble sous-marin qui nous paraît fort rationnellement conçu. Les câbles sous-marins fabriqués jusqu'à ce jour en Angleterre n'ont pas donné tous les résultats qu'on en attendait. Les fils conducteurs intérieurs sont droits. L'enveloppe extérieure, composée de 12 fils de fer galvanisés de 6 à 7 millimètres de diamètre, rendait le câble trop rigide. M. Pieux-Aubert dispose le fil intérieur en hélice de deux tours par mètre courant, et contraire à l'hélice extérieure.

Cette enveloppe extérieure est composée de 18 ou 24 fils de 3 millimètres de diamètre; elle présente donc toute la flexibilité nécessaire pour permettre au câble de suivre les sinuosités du sol. Nous pensons que ces modifications heureuses recevront tôt ou tard l'accueil du gouvernement.

HORLOGES.

Deux exposants ont continuellement attiré l'attention des visiteurs de l'exposition par les horloges dont ils ont orné notre exposition.

M. Fois, dit Laroze, bien connu à Clermont, auteur de l'horloge de la halle et de celle de la cathédrale, a exposé dans le baraquement l'horloge de la nouvelle faculté. Elle est construite suivant le système Lepaute ; la force vive du pendule est restituée au moyen de l'échappement par la chute progressive d'une pièce en porte-à-faux. Au bout de huit oscillations, cette pièce est remontée par le poids moteur. Ce système donne une grande régularité, et de plus il économise la chute du poids moteur. L'expérience a montré que M. Fois entend parfaitement la construction de ce genre d'horloges ; la vue de ces mécanismes compliqués, artistement finis et travaillés, l'accord parfait des horloges de la halle et de la cathédrale, manifestent toute l'habileté de M. Fois.

Le jury lui a décerné une médaille d'argent.

M. Estrigues, de Montferrand, a exposé une horloge en bois entièrement calculée et construite par lui, qui marque l'heure, le jour de la semaine, et les diverses fêtes de l'année.

Ce que nous admirons le plus dans cette pièce curieuse de notre exposition, ce n'est pas le mécanisme ; on n'est jamais embarrassé aujourd'hui pour la réalisation d'une idée bien déterminée, en matière de transformation de mouvement ; mais c'est le génie mécanique et en quelque sorte instinctif de l'auteur, qui, non versé dans les mathématiques, a su néanmoins trouver tous les nombres de dents proportionnels qui peuvent de proche en proche déterminer les mouvements des aiguilles indicatrices.

Il est difficile de récompenser comme ils le méritent de pareils travaux, qui sont des chefs-d'œuvre de patience, de persévérance et d'intelligence, et qui pourtant n'offrent pas un mérite industriel réel. L'horloge de M. Estrigues marche sans doute, mais elle est loin de présenter la régularité d'une horloge en métal, dont les dents sont faites à la mécanique, dont le pendule est à compensateur.

Le jury a décerné une médaille de bronze à M. Estrigues, en le félicitant du rare talent qu'il a montré dans son œuvre si curieuse.

Nous ne passerons pas sous silence les élégantes expositions d'horlogerie de MM. Bonnière, Barrier, Forestier et Bouschet, qui ornaient la grande salle de la Mairie; et si ces horlogers n'ont pas montré leurs propres produits, quelques-uns d'entre eux, et entre autres M. Barrier, ont fait admirer au jury le fini et la bonté de leurs réparations.

COL. — NOUVEAU PROCÉDÉ DE GRAVURE. — MÉDAILLE DE BRONZE.

Ce genre de gravure diffère de la gravure au burin et de celle à l'eau forte, en ce que le dessin s'exécute à la plume et en noir, directement sur la plaque métallique, aussi facilement que sur du papier doux. Quelques manipulations chimiques achèvent complètement le dessin, car il suffit d'enduire la plaque d'un vernis inattaquable par les acides, et qui ne prenne pas sur les endroits dessinés.

Le travail au burin exige une grande habitude, un temps considérable, car le métal doit être enlevé parcelle par parcelle, les ombres se font au moyen de hachures dont le fini exige beaucoup de temps dans la gravure à l'eau forte ordinaire. Par le nouveau procédé, la partie la plus longue et la plus minutieuse de la besogne est supprimée: à l'aide d'une large plume ou d'un pinceau on peut marquer les ombres, et l'acide se charge d'entamer le métal aux endroits indiqués. On comprend que le prix de revient de pareilles gravures doit être beaucoup moindre que celui des gravures obtenues par d'autres procédés.

Le specimen exposé n'a rien de bien remarquable; il a été obtenu à la hâte, mais il donne une idée des résultats qu'on peut obtenir.

M. Col est bien connu à Clermont, par son talent de lithographe; c'est à ses soins et à ceux de son beau-père, M. Gilberton, qu'on doit le succès du tirage de la grande carte de M. Lecoq.

§ VII. — Médecine, Chirurgie, Pharmacie, Histoire naturelle.

M. GAUTIER-LACROZE. — MÉDAILLE D'ARGENT.

On trouve dans la vitrine de M. Gautier-Lacroze une belle série de produits tirés de la roche d'alunite du Mont-Dore, et obtenus dans son laboratoire, savoir : du soufre, de l'alun, du sulfate d'alumine, etc

MM. Bertrand et Tournaire savent pertinemment que M. Gautier a fait une étude complète de la roche d'alunite et des moyens industriels de la traiter, qu'un petit fourneau de grillage spécial avait été monté par lui. Ce travail a été le point de départ d'une industrie très-importante qui a été installée depuis un an et demi environ auprès de Nevers, et dont la roche du Mont-Dore est la matière première. La fabrique d'alun et de sulfate d'alumine du Pont-Saint-Ours près de Nevers est installée sur une très-vaste échelle. C'est depuis lors seulement que la mine du Mont-Dore est exploitée.

Nous ne parlerons pas des beaux produits pharmaceutiques de cette maison, non plus que des produits similaires des pharmaciens de Clermont ; on sait tout le lustre que notre ville a acquis sous ce rapport, plutôt commercial qu'industriel.

M. HENRY FOUILLOUX. — COLLECTIONS MINÉRALOGIQUES.

Les collections de ce naturaliste sont aussi remarquables par la beauté des échantillons que par leur classification. Depuis longtemps M. Fouilloux cultive avec passion la minéralogie; il est du petit nombre de ces savants que l'amour de la science pure enflamme, et qui pour cueillir une plante ou enrichir leur cabinet d'une roche, ou d'un cristal un peu rare, ne reculent devant aucune fatigue.

Le jury a regretté que les collections de M. Fouilloux ne se rapportassent qu'indirectement à l'industrie, et qu'il ne pût pas, aux termes de son règlement, l'honorer autant qu'il l'aurait voulu des marques de sa satisfaction; il n'a pas cependant mis ses collections hors de concours et leur a accordé une médaille de bronze.

M. FOURNIER DE LEMPDES. — BANDAGES. — MÉDAILLE DE BRONZE.

Ces bandages sont généralement bien faits, ils n'offrent d'ailleurs rien de particulier. Le père de M. Fournier est regardé par M. le docteur Bertrand comme le véritable inventeur de la lithotritie : il a le premier introduit une sonde droite dans la vessie.

M. BERNARD TESTU, FABRICANT DE BANDAGES A CLERMONT. — MÉDAILLE DE BRONZE.

M. Testu habite Clermont depuis deux ans; il est de Saint-Etienne, où son beau-père exerce la même industrie que lui. Les objets qu'il expose ont été fabriqués, soit par lui, soit par son beau-père. Cette exposition est assez complète. On y remarque une jambe artificielle, avec pied à double articulation. Le poids du corps, en appuyant sur cette jambe, repose à la naissance de la cuisse sur un rebord assez mince, et M. le docteur Bertrand craint qu'il n'en résulte une fatigue ou une gêne. On y trouve aussi un bras artificiel, avec flexion du coude, avec mains, dont toutes les phalanges sont articulées.

Les doigts tendent par des ressorts à presser contre le pouce, de sorte que la main fait l'office d'une espèce de pince apte à tenir tous les objets, même une plume, une cuiller. Ce bras vaut 100 francs, la jambe 80. Tous ces appareils sont bien faits.

M. DELCROS. — APPAREILS ORTHOPÉDIQUES. — MÉDAILLE DE BRONZE.

Ces appareils sont fabriqués par M. Delcros avec une grande précision, et ils ne manquent pas non plus d'élégance. M. Delcros est bien connu du corps médical de Clermont. C'est lui qui fournit une bonne partie de leurs instruments de chirurgie.

§ VIII. — Produits chimiques. — Corps gras, Cuirs, Caoutchouc.

MM. TORRILHON, VERDIER ET Cie., FABRICANTS DE CAOUTCHOUC. — MÉDAILLE D'ARGENT DONNÉE PAR L'EMPEREUR.

La Condamine a le premier fait connaître le caoutchouc, en 1751, à son retour d'Amérique. Longtemps il n'a eu d'autre usage que d'effacer le crayon. En 1790 on commença à en faire quelques applications, comme des ressorts, des ligatures extensibles. En 1820 M. Nadler se fit breveter en France pour des procédés propres à découper le caoutchouc en fils destinés à confectionner des objets élastiques pour bretelles, gants, ceintures, etc.

Tant que le caoutchouc a été employé à son état naturel, il n'a pris et il ne pouvait prendre aucune extension, à cause des inconvénients qu'il présente par sa facilité à perdre ses principales propriétés, en s'amollissant à la chaleur et en durcissant au froid. Mais depuis qu'on a su le traiter de manière à lui faire conserver son élasticité malgré de grandes différences de température, à lui retirer une grande partie de sa mauvaise odeur, et de plus à lui donner à volonté le degré de dureté qu'on juge convenable, il a été regardé comme une substance extrêmement précieuse au point de vue industriel.

Le caoutchouc du Brésil est presque pur; celui qui nous vient de l'Inde, de Java, est extrait par des procédés grossiers, et nous arrive en masses impures, contenant des fragments de bois; des traitements convenables le débarrassent de ces impuretés; on les emploie l'une et l'autre aux mêmes usages.

On peut le traiter de deux manières, soit en le réduisant en pâte et en feuilles par des broyeurs et des cylindres chauffés convenablement, soit en le dissolvant dans des huiles de schiste, qui permettent d'en former des pâtes que l'on emploie ensuite comme celle dont nous venons de parler.

C'est le soufre qui donne au caoutchouc la propriété de conserver à toute température le même degré d'élasticité et la même forme. *Permaniser* ou *vulcaniser* le caoutchouc, c'est l'amener par le soufre à cet état remarquable.

Nous avons dans le pays deux usines importantes qui traitent le caoutchouc par des procédés différents; une seule, la maison Torrilhon, a exposé ses produits. Leur nomenclature est longue, et montre tout le parti qu'on peut tirer d'une substance longtemps regardée comme un pur objet de curiosité.

Courroie tubulaire, brevetée. — Cette courroie, qui unit la rigidité de la toile à la souplesse du caoutchouc, est un produit précieux pour les usines; son prix est en rapport avec celui des courroies en cuir, et sa durée plus grande.

Feutre composé. — C'est un mélange de caoutchouc et d'autres substances, jouissant de la propriété de ne point coller sur les appareils à vapeur, quelle que soit la température. Elle sert à faire des joints très-commodes, qui peuvent remplacer avec avantage les joints en plomb, en cuir, au minium.

Tubes à spirale en fer. — Ces tubes sont flexibles, très-résistants; ils servent pour corps de pompe. D'autres tubes, faits par la même maison, peuvent remplir les mêmes fonctions que les tubes en cuir, pour les pompes à incendie, les pompes à vidange, d'arrosage, etc.

Citons encore des ***rotules*** en caoutchouc pur ou avec toile superposée, servant à relier le tender avec la locomotive; des ***rondelles*** et ***tampons*** pour wagons, pilons, etc; des ***feuilles de caoutchouc*** pur, pour usages divers et nombreux; des seaux à acides, des ***rouleaux*** pour impressions; ***un appareil de sauvetage insubmersible;*** enfin des ***étoffes*** imperméables et des vêtements divers confectionnés avec cette étoffe, et des tapis destinés aux mêmes usages que les toiles cirées.

On voit par cette liste combien de produits divers et usuels la maison Torrilhon fournit à l'industrie; le jury a cru devoir lui accorder une haute distinction, en harmonie avec son importance; il lui a décerné la médaille d'argent donnée par l'Empereur.

M. LÉVY, FABRICANT DE SAVONS A CLERMONT.

Pendant longtemps les savons de Marseille étaient les seuls produits qui se débitassent dans toute la France; aujourd'hui, de nombreuses fabriques se sont établies sur divers points de l'empire, et livrent à la consommation des savons qui n'ont peut-être pas toutes les qualités des savons de Marseille, mais qui par compensation coûtent moins cher.

Nous avons ici, à Clermont, une fabrique établie depuis peu d'années, qui nous a pittoresquement exposé ses produits sous la forme d'un arceau. Ils sont faits avec les huiles du pays, et sont cotés à 76 fr. les 100 kilog., tandis que les savons de Marseille se vendent environ 110 fr.

Le jury, désireux d'encourager une industrie qui prospère déjà, et qui n'a pourtant que cinq ou six années d'existence, a décerné à M. Lévy une médaille d'argent.

M. DURANTON. — M. POISSON. — MÉDAILLES DE BRONZE.

Le jury a accordé une médaille de bronze à MM. Duranton et Poisson pour leurs huiles.

Le premier, M. Duranton, s'est appliqué à utiliser les résidus de la distillation du marc. Il en retire de la crème de tartre en petits cristaux agglomérés rougeâtres, valant un franc le kilog., des cendres alcalines, comme d'autres fabricants; enfin, des pepins, il a extrait de l'huile. Les pepins sont d'abord écrasés sous la meule, la poudre est ensuite traitée par l'eau bouillante, puis soumise à la presse. Il faut 23 kilog. de pepins pour 3 kilog. d'huile. Cette huile est grasse, a une odeur analogue à celle de l'huile de noix. Elle aurait un grand pouvoir éclairant, et fumerait peu. Cette extraction est un premier et récent essai de M. Duranton; mais il est digne d'intérêt, quoiqu'il n'ait pas encore abouti à des résultats commerciaux,

Le second, M. Poisson, a établi à Vertaizon une fabrique qui livre à la consommation des produits remarquables de diverses natures : huile de noix, huile de navets, huile de chènevis, huiles d'amandes, etc.

CUIRS.

L'industrie des cuirs est une des grandes industries de Clermont, et de nombreuses maisons ont exposé leurs produits. Ils sont généralement remarquables par la bonne qualité des peaux et le fini du travail; dans l'impossibilité d'établir une distinction entre ces exposants, le jury a accordé une médaille de bronze à MM. Gorce-Vigier, Bonnieux jeune, Chardon-Faviol, Bouche-Fouilhoux, de Riom;

Bonnieux, de Maringues; Haste-Montandraud, Bouyon neveu, Tardif, de Clermont; Servoingt-Parrot, de Maringues.

Nous devons aussi parler des produits de la maison Lhéritier; les cuirs exposés ont paru rivaliser avec les plus remarquables des exposants mentionnés.

MM. Giron-Gannat, Seguin-Giron, de Maringues; Fontsauvage, de Thiers, ont obtenu une mention honorable.

INCRUSTATIONS, PÉTRIFICATIONS.

Nous avons sur divers points de notre département, des sources d'eau minérale qui contiennent en dissolution du carbonate de chaux, de l'aragonite; à mesure que l'acide carbonique se dégage dans l'atmosphère, lorsque ces eaux arrivent à la surface de la terre, une certaine quantité de calcaire se précipite et recouvre les objets sur lesquels l'eau coule. Plusieurs industries exploitent cette propriété de nos eaux minérales, en faisant couler l'eau dans des moules en creux, ou sur des objets naturels; dans le premier cas, on obtient des reliefs servant pour camées, médaillons, etc.; dans le second, on obtient des pétrifications qui masquent et recouvrent l'objet, tout en lui conservant, un peu grossièrement il est vrai, sa forme.

MM. Clémentel aîné et Clémentel neveu exploitent les eaux de Saint-Alyre à Clermont, et attirent chaque année de nombreux visiteurs. Leurs pétrifications et leurs médaillons se font remarquer par la variété des sujets, le bon choix des modèles et la délicatesse des dessins.

M. Georget exploite certaines sources de Châtelguyon. Il a tenté de nouvelles voies dans l'industrie des pétrifications. Nous avons admiré des grenouilles posées sur des feuilles de choux et moulées sur nature, des lézards, des serpents moulés sur nature, et reproduits par la pierre avec une vérité remarquable. Il est parvenu aussi à reproduire très-simplement des gravures et des lithographies ; les premiers résultats obtenus laissent encore à désirer, mais il y a là comme le germe de nouvelles et importantes applications.

M. Drouillat, de Riom, a présenté une vitrine de pétrifications fort belles, et à côté, des médaillons produits par la galvanoplastie.

La Commission du jury a décerné à ces exposants une médaille de bronze.

CIERGES ET BOUGIES.

Les produits nombreux de l'industrie des cierges se faisaient remarquer dans l'Hôtel-de-Ville par les formes gracieuses et variées données à la cire. Tous ces produits nous ont paru d'un égal mérite; et quoique rien de nouveau et de bien saillant n'ait frappé le jury, il a cru devoir récompenser d'une mention honorable MM. Berton, de Riom ; Verdier, Juzet-Authy, Amblard-Grado, de Clermont ; Gody-Cluzel, d'Issoire ; Monnier, de Saint-Flour ; Chanudet, de Combronde.

Plusieurs de ces exposants avaient de la cire jaune d'excellente qualité ; nous citerons particulièrement MM. Chanudet et Amblard.

Une mention honorable a été décernée aussi à M. Argillet, teinturier à Clermont, pour sa benzine rectifiée. Cette substance, si commode pour le dégraissage, a une odeur désagréable et persistante, qui en restreint l'emploi dans l'économie domestique ; M. Argillet a su lui enlever presque totalement son odeur, sans lui ôter ses propriétés.

Tel est, Messieurs, le compte-rendu abrégé des industries qui ont paru au jury dignes de récompenses, dans la première section, dont vous m'avez fait rapporteur. Nous avons tous fait nos efforts pour rendre justice à chacun; mais nous ne sommes point infaillibles, et d'autre part, nos connaissances ne sont pas assez étendues pour que les industries nous soient toutes également familières. Par conséquent, malgré nos efforts pour nous entourer de lumières, malgré les renseignements demandés à des sources diverses, quelques erreurs ont pu nous échapper; qu'on nous les pardonne, mais qu'on ne suspecte pas notre bonne volonté et notre désir de bien faire.

EXPOSITION INDUSTRIELLE

DE CLERMONT-FERRAND.

RAPPORT DE M. PEROL

Au nom de la 2me Sous-Commission.

MESSIEURS,

Les deux groupes distincts de produits que vous avez renvoyés à l'examen de la deuxième Commission du jury, savoir : d'une part, les substances alimentaires ; de l'autre, les tissus et articles relatifs à l'habillement, correspondent à deux nécessités essentielles de la vie organique, considérablement modifiées par les exigences additionnelles et variables de la vie sociale.

Une soif générale de bien-être, de luxe et de raffinements à tous les degrés, caractérise les sociétés modernes ; non pas qu'elle leur soit particulière et que le goût de ces jouissances ait été inconnu aux sociétés anciennes ; mais celles-ci n'y intéressaient que le petit nombre : les privilégiés et les puissants, à l'exclusion des foules opprimées. Le mérite de notre temps est de permettre à tous d'y prétendre dans la mesure de leurs moyens, comme le mérite de l'Industrie moderne est de travailler sans cesse à les mettre de plus en plus à la portée de tous.

Les merveilles d'inventions et de perfectionnements dont elle nous donne le magnifique spectacle aux expositions, font foi de la puissance et de l'ardeur qu'elle déploie dans cette mission civilisatrice; elles n'attestent pas moins les succès éclatants qui couronnent ses efforts.

Notre industrie locale, Messieurs, n'est ni lente ni tiède à suivre cet élan. Dans cette partie de l'exposition que la deuxième Commission a dû passer en revue, l'utile se combine et se confond avec la recherche et les perfectionnements qui se produisent chaque jour en fait d'alimentation et de vêtements; d'où la conséquence que celles de nos industries qui y ont figuré avec distinction, peuvent prétendre à compter parmi les plus avancées. Distancées sans doute, mais en bon rang sur plusieurs points, sur d'autres, elles tiennent la tête et la gardent habilement. Ce sont des faits qui ressortiront d'eux-mêmes à mainte page de ce rapport.

Votre rapporteur s'y est proposé principalement de vous rendre un compte fidèle des décisions du jury dans la distribution des récompenses, et de les justifier par des observations sommaires sur les industries qui y ont concouru.

Plusieurs pourront se plaindre avec justice de n'avoir pas été l'objet d'un examen plus sérieux. Le rapporteur est le premier à reconnaître et à regretter les nombreuses imperfections de son travail. Il l'eût rendu plus complet, si la mesure de ses connaissances techniques et de sa compétence eût été plus en rapport avec ses bonnes dispositions personnelles, et avec les sentiments de patriotisme local éclairé qui ont constamment inspiré le jury dans ses appréciations. Il espère qu'on voudra bien l'absoudre sur l'intention.

SUBSTANCES ALIMENTAIRES.

PISCICULTURE.

La pisciculture a cessé d'être une théorie ; elle opère sous nos yeux, et ses œuvres confirment toutes ses promesses. Dès à présent, il est loisible aux sceptiques qui en doutaient de faire servir sur leurs tables d'excellents poissons indigènes ou d'espèces étrangères à nos eaux, fécondés, éclos et élevés par les soins de la pisciculture. Notre voix peut s'unir à celle de trente-huit autres départements qui proclament son efficacité, en attendant qu'ils lui votent des actions de grâces pour les grands services qu'elle est appelée à rendre à l'alimentation publique.

M. Rico, un étranger que l'estime et les affections qu'il a su se concilier ont fixé parmi nous, remplit les fonctions d'inspecteur de la pisciculture dans le département. On doit en grande partie à ses patientes études et à son zèle, libéralement secondé par l'administration, les résultats considérables déjà obtenus. Plein de foi dans des succès définitifs d'une bien autre importance, il a voulu démontrer, par l'autorité de l'exemple et de la pratique, les avantages immédiats que la propriété peut retirer de l'application des procédés qu'en sa qualité officielle il a mission de propager.

A cet effet, il a pris à ferme et à son compte le lac Pavin, qu'une tradition séculaire réputait impropre à nourrir les poissons. En quatre ans, il l'a peuplé de truites et de saumons, qui atteignent déjà, quelques truites, le poids de 2 kilog., les saumons celui de 1,100 grammes. Jusqu'à ce jour, 200 kilog. de ces poissons ont été livrés à la consommation, et l'on en voit paraître journellement sur le marché.

Se fondant sur cet essai très-concluant, et qui atteindra

sans doute le but que son auteur s'est proposé, M. Rico a demandé à concourir à l'Exposition, à titre d'industriel producteur de substances alimentaires. Le jury, sans se prononcer sur l'assimilation introduite par M. Rico, a saisi avec empressement l'occasion de lui donner un témoignage public de l'estime que méritent ses travaux, en rappelant les nombreuses récompenses qu'il a obtenues à divers concours, et plus particulièrement la médaille d'or que vient de lui décerner le concours régional de Clermont.

SEMOULES.

Le sol de notre plantureuse Limagne produit en abondance, et avec une sorte de prédilection, des *blés durs.*

On désigne ainsi, par opposition aux *blés tendres*, des froments dont la composition chimique contient en excès le *gluten*, substance nutritive par excellence, mais peu soluble dans l'eau, ce qui rend ces grains moins propres à la panification.

La boulangerie les néglige par cette raison, qui au contraire les fait préférer par les fabricants de pâtes alimentaires, les qualités essentielles de ces produits consistant dans la plus grande teneur d'éléments nutritifs et dans leur résistance à se dissoudre dans les bouillons.

La prodigieuse extension que reçoit la fabrication des pâtes fait rechercher les blés durs. Notre agriculture en reçoit une impulsion favorable. Aussi la voyons-nous livrer, d'année en année, de plus grands espaces à leur ensemencement. Ce service qu'elle rend à l'industrie lui est d'ailleurs libéralement payé : elle en retire un revenu de plusieurs millions.

Les blés durs d'Auvergne sont les plus riches en qualités requises pour la fabrication des pâtes. Leur supériorité, vainement contestée en faveur des blés du Midi, serait, au besoin, mise hors de doute par ce fait que les fabricants de toute la France, sans excepter ceux de Paris, recourent aux semoules qui en sont extraites, et les font entrer, en proportion plus ou moins grande, dans leurs manipulations. Lyon même, l'un des centres de production les plus considérables, plus à portée de s'approvisionner à Marseille, en semoules des blés d'Afrique et de la mer Noire que l'on oppose aux nôtres, puise cependant à pleines mains dans les semoules de Clermont, et tient la tête au bilan de nos exportations.

La conversion des blés en semoule, c'est-à-dire la séparation du gluten, qui entre seul dans la composition des pâtes, des autres éléments constitutifs du grain, est une opération importante et délicate. Les ouvriers semouliers de Clermont l'accomplissent avec une habileté exceptionnelle qui, une fois de plus, a été reconnue dans les rapports de la dernière exposition de Londres. A l'origine, ce travail s'exécutait, comme il s'exécute encore, dans les usines de nos fabricants de pâtes, et en proportion de leurs besoins respectifs. Mais la supériorité de ces pâtes, attribuée avec raison à la richesse élémentaire des semoules dont elles sont faites, ayant attiré l'attention de l'industrie vermicellière, tous les centres de production de France désirèrent des semoules de Clermont. Des usines spéciales furent créées pour satisfaire aux demandes qui affluaient, et bientôt la fabrication de la semoule d'exportation prit rang parmi nos plus florissantes industries.

Elle occupe actuellement 50 moulins à écraser le grain. 80 ateliers, desservis par 6 ou 700 ouvriers des deux sexes, épurent en moyenne 20,000 kilog. de semoule par jour, soit 6 millions de kilog. par an, d'une valeur, en francs, supérieure à 3 millions. Le progrès y est continu. Chaque année voit s'augmenter le nombre des ateliers et s'ouvrir de nouveaux débouchés.

Cette fructueuse industrie était dignement représentée

à l'Exposition, sinon par le nombre des exposants, au moins par la beauté des produits. Les experts assuraient qu'ils surpassaient, en pureté et en fini, tout ce qu'ils avaient vu jusqu'alors.

Aussi le jury a décidé que tous les exposants méritaient des récompenses.

MM. Mignot et Bonnet ont reçu une médaille d'argent.

Des médailles de bronze ont été accordées à MM. Vazeilhe, Antoine, et Cierge, meunier; des mentions honorables, à MM. Roche-Barbat, Jean Roche, Chapier, Second, meunier à Montferrand.

PATES D'AUVERGNE.

C'est encore par millions qu'il faut compter les avantages de cette industrie, mère de la précédente. Mais accomplissons d'abord un devoir, en lui recommandant le respect pour la mémoire de l'un des siens, qu'une mort prématurée vient de lui enlever. Le premier, sinon le seul, M. Vincent Magnin la dirigea dans les voies fécondes qui l'ont conduite au haut degré de prospérité où nous la voyons, et que tout annonce n'être pas son point d'arrêt.

A en juger, en effet, par les produits qu'elle a fait passer sous nos yeux à l'Exposition, des perspectives de progrès s'ouvrent encore devant elle, et elle n'hésite pas à s'y engager. Les pâtes exposées étaient d'une perfection telle, qu'elles ont soulevé des objections. « Ce n'est pas là, disait-on, ce qu'on livre au commerce, mais des échantillons préparés en vue de l'exposition. »

Le jury n'a pas été touché de ces critiques peut-être un peu jalouses. La loyauté du concours ne lui a paru nullement intéressée à ce qu'il s'ouvrît sur des types supérieurs plutôt que sur des produits ordinaires, puisque les concurrents y entraient à armes égales; mais, à son avis, l'efficacité du concours y avait tout intérêt. Les expositions sont instituées précisément en vue d'éveiller l'émulation et de pousser aux perfectionnements; à quelque prix qu'ils s'obtiennent, ils restent acquis, et s'ils ne sont pas immédiatement réalisables et pratiques, ils ne tardent pas à le devenir.

Des notes exactes nous apprennent que cette industrie emploie pour sa fabrication de 70 à 80 presses exigeant une force totale de 300 à 350 chevaux, et que ses usines, mues par l'eau et par la vapeur, occupent directement de 800 à 900 ouvriers.

La quantité fabriquée peut s'élever à 15,000 kilog. par jour, soit en compte rond 4 à 5 millions de kilog. par an. La valeur en francs dépasse de beaucoup 4 millions.

Le jury international de 1851 classa la qualité des pâtes d'Auvergne au premier rang. L'an dernier, celles que présentèrent en commun, à l'exposition de Londres, treize de nos fabricants, obtinrent la récompense de premier ordre. Leur réputation, d'ailleurs, est européenne, comme jadis celle des pâtes de Gênes et d'Italie, qu'elles ont depuis longtemps effacée. Aussi leurs rivales de toutes provenances trouvent-elles commode et profitable de se présenter sous leur nom.

Le jury devait se montrer libéral envers une industrie source abondante de richesses pour le pays, et qui répand au loin sa renommée industrielle. Après l'examen attentif et scrupuleux des produits qui se recommandaient tous par une grande perfection, il a décerné la médaille d'or à M. Chatard-Roche, et des médailles d'argent à MM. Ranix père et fils et à M. Emile Faucher.

FÉCULES

La féculerie n'a pas encore reçu en Auvergne un développement en rapport avec les ressources qu'elle y trouverait, tant sous le rapport de l'abondance et de la diversité des matières premières que du placement de ses produits. Les emplois en sont nombreux et considérables. Nous n'en citerons que trois, qui suffiraient à donner le mouvement et la vie à de grandes exploitations. La fécule entre en proportion importante dans la pâte du papier; les confiseries en consomment de fortes quantités en glucose, et les besoins de la distillation, en alcools, sont sans limites.

Cette langueur de la féculerie est d'autant plus regrettable, que les rares spécimens qu'elle a présentés à l'Exposition, témoignent d'une fabrication avancée.

Ceux de M. Desmaroux, de Clermont, et de MM. Coste et Ledieu, d'Ambert, rivalisaient de finesse et de blancheur, et ceux de MM. Lebon et Porte, d'Issoire, les suivaient de près.

Le jury a accordé des médailles de bronze à M. Desmaroux et à MM. Coste et Ledieu; à MM. Lebon et Porte, une mention honorable.

CONSERVES ALIMENTAIRES.

Le jury a accordé une médaille de bronze à MM. Sage père et fils, de Brives, pour leurs truffes conservées au naturel; des mentions honorables: à M. Fournaud, de Tulle, pour ses conserves de viandes, gibier et champignons; à MM. Cotton père et fils pour des produits de même nature; à M. Cély, jardinier à Clermont, pour des pommes de la récolte de 1861, conservées dans un état de fraîcheur remarquable par des procédés à lui.

CONFISERIE.

Jusqu'à l'ouverture de son exposition, la ville de Clermont ne connaissait qu'imparfaitement la valeur et les ressources de la confiserie qui porte son nom; maintenant elle peut à bon droit s'en glorifier. Nous ne pensons pas qu'aucune exposition, française ou internationale, ait encore présenté à ses visiteurs un choix de fruits confits comparables à ceux que nous avons pu contempler dans la galerie nord de l'Hôtel-de-Ville. L'aspect en était merveilleux. Il étonnait ceux-mêmes d'entre nous qui ont été à portée de suivre la marche et les progrès de cette industrie, depuis l'époque assez récente où elle passa aux mains habiles qui la font prospérer. Ce qui frappait le plus après la beauté des produits, c'était leur nombre et leur variété. Jadis, la préparation de quelques milliers pesant de fruits du pays et de pâtes d'abricots, suffisait pour absorber l'activité de nos confiseurs; c'est maintenant sur des centaines de milliers de ces mêmes fruits qu'ils opèrent, et les fruits exotiques apportent encore un large supplément à leur fabrication. L'exposition a mis en lumière le haut degré de raffinement qu'ils ont réussi à lui donner.

L'antique renom de la confiserie clermontoise a reçu un nouveau lustre de tous ces progrès; on sait que ses délicates préparations figurent avec honneur sur les tables royales, et que toutes les grandes villes des deux mondes lui paient à l'envi de riches tributs.

La consommation, en France, fut toujours considérable, limitée cependant aux fortunes aisées. On peut dire avec satisfaction aujourd'hui qu'elle s'étend à toutes les classes. C'est un fait intéressant que nous prenons plaisir à constater, car il révèle un pas de plus de la diffusion du bien-être du côté des populations ouvrières.

Avec des fruits et des sirops de second ordre, les confiseurs de Clermont fabriquent une confiture saine, substantielle, relativement délicate, que depuis longtemps les communautés, les colléges, les pensionnats des deux sexes, consomment en grande quantité. L'usage s'en est répandu rapidement, depuis peu, dans les grands centres manufacturiers. Les familles d'ouvriers y trouvent, à la fois, un supplément économique et une diversion agréable à leur alimentation ordinaire. Aucun autre aliment, en effet, à poids égal et d'un prix souvent supérieur, ne contient la même somme de principes nutritifs, et ne se prête aussi bien à la répartition entre les membres de la famille. Les villes de Lyon et de Saint-Etienne en demandent par quantités énormes. Un renseignement exact nous apprend que, pour les vaisseaux d'emballage seulement de cette préparation qu'ils expédient dans toutes les directions, nos confiseurs paient à la tonnellerie locale plus de 30,000 fr. par an.

Cette riche industrie a devant elle un grand avenir, appuyée qu'elle est sur deux bases solides : la garantie contre toute concurrence extérieure, grâce à la qualité particulière de nos fruits qui la localise, et une vaste consommation qui s'accroît de plus en plus. Cependant, le flot de prospérité qui la porte peut cacher des écueils. Nous lui en signalerons un dans cet esprit de rivalité jalouse, si fatal au commerce français, surtout à l'étranger, qui pousse à baisser déloyalement les prix aux dépens de la qualité, et jette le décri sur une industrie tout entière. Nous espérons bien qu'elle saura l'éviter.

Le jury, frappé, comme tout le monde, des progrès accomplis par la confiserie de Clermont et de son importance croissante, a décerné une médaille d'or à M. Gaillard, et des médailles d'argent à MM. Frelut et Cie, Vieillard aîné, Murent fils.

BONBONNERIE.

La fabrication des bonbons a toujours été confondue avec la confiserie, quoiqu'elle en diffère par les procédés et la nature des produits. Nos confiseurs continuent de s'y livrer cumulativement; mais cette branche de leur industrie, sans leur échapper quant à présent, tend à se créer l'existence indépendante dont elle jouit déjà dans plusieurs villes, et surtout à Paris. MM. Dumas et Codet, des nouveaux venus, selon la date de leur entrée dans les affaires, mais maison ancienne, puisqu'ils continuent celle qui a le plus contribué à perfectionner la bonbonnerie de Clermont, MM. Dumas et Codet, disons-nous, ont fait une exhibition qui prouve que la succession de leur prédécesseur est tombée en de bonnes mains. Leur connaissance de la fabrication, puissamment secondée par un outillage des plus considérables, les a mis à même de nous montrer, dans une belle vitrine, tous les genres de bonbons à amandes, à liqueurs; et nous ne savons à quel nombre de préparations et de formes diverses, que Paris seul produisait jusqu'ici. C'est une décentralisation nouvelle, et accomplie avec une perfection qui ne saurait être surpassée.

M. Dollet-Dépaillet s'occupe aussi de la fabrication des bonbons, avec une expérience et une habileté qui lui donnent le droit d'y tenir un rang distingué. Les produits qu'il a mis à l'exposition, moins nombreux et moins variés que ceux de ses concurrents MM. Dumas et Codet, supportaient presque sans désavantage la comparaison.

M. Dollet-Dépaillet avait aussi exposé un volumineux bouquet de fleurs en sucre, d'un travail admirable, qui a obtenu les suffrages unanimes des visiteurs.

Le jury a donné à MM. Dumas et Codet et à M. Dollet-Dépaillet des médailles de bronze.

PATISSERIE.

Un confiseur décorateur de Saint-Flour, M. Hossmann, pour une statuette équestre en sucre, décoration de table, peu artistique, mais dont l'exécution exige une habileté professionnelle extrême ;

M. Lepère, confiseur à Murat, pour une spécialité de biscuits cornets, qui ont la propriété de ne pas durcir,

Ont obtenu des mentions honorables.

FABRIQUES DE SUCRE.

La place naturelle de la sucrerie de Bourdon était marquée au centre de ces richesses sucrées. Elle y trônait, en effet, comme une reine entourée de ses sujets. Ses nombreux et beaux types de sucres bruts et raffinés de nuances graduées jusqu'au blanc de neige ; ses mélasses, cossettes, alcools ; toutes les substances accessoires arrachées aux résidus, jusqu'à épuisement du dernier atome de matière utile, disposés en bel ordre sur des gradins, donnaient une idée imposante de la puissance de production de ce grand établissement. Ils rappelaient surtout les immenses bienfaits qu'il répand autour de lui, les milliers d'hectares élevés par la culture de la betterave à un rendement presque double de la rente ordinaire, la valeur des terres rehaussée, le travail et le bien-être assurés à une population d'ouvriers.

Naturellement, Bourdon ne pouvait espérer de partner à notre exposition, aussi s'était-il mis hors concours. Mais le jury, considérant l'importance exceptionnelle de cette usine, le plus riche joyau de la couronne industrielle du département, d'accord avec l'opinion publique qui proclame les avantages sans nombre qu'il déverse sur le pays, lui a décerné, à l'unanimité et hors ligne, *un diplôme d'honneur*. Cette distinction, dans sa pensée, dépassant la plus haute récompense prévue par le règlement.

CHOCOLATS.

Clermont est au nombre des villes citées, dans les dictionnaires de commerce, comme des centres de fabrication du chocolat. L'usage de ce comestible se répandant de plus en plus, comme aliment ou rafraîchissement, dans les classes mêmes les moins aisées, il est de l'intérêt et du devoir de nos fabricants de maintenir leur ancienne renommée. Le jury a vu avec plaisir, par les produits soumis à son examen, qu'ils prennent cette obligation à cœur. Tous les chocolats, sous la diversité des formes et des préparations qu'ils reçoivent au gré des consommateurs, offraient les caractères essentiels d'une bonne fabrication. Des médailles de bronze ont été accordées aux quatre exposants : MM. Bareyre-Roueyre, de Clermont; Pichon, de Clermont; Peyrard, de Chamalières; Perol, de Montferrand.

CAFÉ TORRÉFIÉ.

Une mention honorable a été donnée à M. Versepuy-Mandon, de Clermont, pour son café torréfié, qui mérite la faveur dont il jouit parmi ses nombreux consommateurs.

ALCOOLS.

Sauf dans l'exhibition de Bourdon, les alcools étaient rares à l'exposition.

La comparaison n'a pu s'établir qu'entre deux exposants, MM. Coste et Ledieu, d'Ambert, déjà récompensés pour leurs fécules; et M. Duranton-Delorme, d'Issoire.

Une mention honorable a été donnée à ce dernier.

LIQUEURS.

La fabrication des liqueurs, sans avoir jamais tenu une grande place dans l'industrie clermontoise, y est ancienne et a même joui de quelque réputation. Le goût de ces liquides s'étant prodigieusement répandu, notamment dans les campagnes, l'industrie a dû satisfaire ces besoins nouveaux à des conditions de bon marché qui excluent une fabrication soignée. Elle ne laisse pas cependant de s'occuper, dans des limites plus restreintes, d'excellentes préparations dont le prix est plus rémunérateur. C'est ainsi qu'elle a présenté à l'exposition, en même temps que toutes les sortes de bonnes liqueurs connues, plusieurs nouvelles liqueurs de table. Les vertus hygiéniques, stomachiques et autres que les inventeurs leur attribuent, ne pouvaient être constatées par le jury; mais il s'est plu à leur reconnaître le mérite de flatter très-agréablement le goût, et les droits les plus légitimes à l'estime des gourmets.

Le jury, désirant donner des encouragements sérieux à cette industrie, a accordé des médailles de bronze à M. Hippolyte Berger, de Clermont, pour sa liqueur du Mont-Dore, et à M. Boyer-Defaye, de Clermont, pour sa chartreuse.

Des mentions honorables ont été attribuées à M. Vial, de Clermont, pour ses liqueurs de fruits; à M. l'abbé de Sept-Fonts (Allier), pour la liqueur fabriquée à l'abbaye; à M. Dalmas, de Besse, pour sa chartreuse de Vassivière; à M. Poigné, de Moulins, pour son élixir digestif de Vichy; à M. Touzet, de Clermont, pour ses cassis; à M. Bardon, de Riom, idem.

BIÈRE.

Mme Noyer de Leyras, de Pont-du-Château, a obtenu une mention honorable pour trois espèces de bière qu'elle a présentées à l'exposition : bière blanche de Bavière, bière brune de Strasbourg, bière ordinaire de Lyon.

VINAIGRES.

Le vinaigre reçoit des emplois nombreux et divers, surtout dans les usages domestiques. A l'origine, on l'obtenait uniquement de la fermentation acide du vin; plus tard on la retira aussi d'autres liquides, particulièrement du cidre et de la bière; enfin on le demanda à des composés chimiques, dont l'insalubrité se manifesta par des accidents nombreux et appela l'attention de l'autorité. La fabrication, aujourd'hui, est ramenée à des procédés rationnels, qui consistent à emprunter, dans des proportions requises, à diverses substances d'une parfaite innocuité, les éléments constitutifs du bon vinaigre. C'est dans ces conditions qu'elle opère à Clermont, où elle a déjà pris un rôle assez actif, aux dépens des villes qui jusqu'ici monopolisaient la production. Elle livre, en effet, au commerce des qualités au moins égales, à des prix sensiblement inférieurs, et ses exportations prennent journellement plus d'importance.

Les fabriques de Clermont, toutefois, ne délaissent pas le vinaigre de vin, qui, dans l'opinion d'un grand nombre de consommateurs, mérite toujours la préférence; quelques-unes parmi elles s'en occupent même exclusivement.

M. Chesneau et M. Boyer jeune avaient exposé des vinaigres de vin de plusieurs sortes, simples et diversement aromatisés pour la table. Les qualités et les prix ont paru satisfaisants au jury, qui a attribué à chacun de ces exposants une médaille de bronze.

MOUTARDES.

Une mention honorable a été obtenue par M. Defert, de Beaurepaire, près Clermont, pour sa bonne préparation de ce condiment.

TISSUS ET FILS, ARTICLES DE VÊTEMENTS, ETC.

1re *Classe.*

Tissus de Laine et de Soie.

DOCUMENTS INDUSTRIELS ANCIENS.

L'affranchissement de l'industrie fut, sans contredit, l'un des bienfaits les plus signalés de notre grande révolution. L'ancien régime l'écrasait de taxes et multipliait les entraves sous ses pas; la bureaucratie du temps brochait sur le tout par ses exigences. La fabrication des étoffes, par exemple, était soumise aux plus gênantes formalités : on exigeait d'elle le dépôt d'échantillons-types de chaque espèce de tissus, avec indication des prix, et l'on en règlementait la largeur et les aunages. Les déclarations des fabricants, recueillies par des inspecteurs des manufactures, étaient envoyées, avec les notes et observations de ces derniers, aux bureaux de l'intendant de la province, où elles se concentraient.

Le savant archiviste du département, M. Cobendy, a pensé judicieusement que des documents de cette nature, conservés dans les dépôts confiés à ses soins et remontant à près d'un siècle et demi, ne manqueraient pas d'intérêt dans une exposition moderne, et, avec son obligeance habituelle, il les a mis à notre disposition.

Nous pensons que l'économiste et l'historien ne consulteraient pas sans fruit les commentaires administratifs qui accompagnent ces curieuses reliques d'archéologie industrielle. Quant aux vieux types, ils ont fait l'objet, à l'exposition, de plus d'une étude intéressante de fabrication comparée. Pour nous, les uns et les autres ont eu le mérite d'éclairer, d'une lumière partielle, une époque oubliée de l'industrie en Auvergne, et de nous apprendre qu'au commencement du dernier siècle, pas plus que de nos jours, l'esprit du commerce et de la manufacture ne sommeillait chez nos anciens. L'initiative individuelle, quelquefois provoquée, toujours protégée par les intendants, il faut leur rendre cette justice, ne faisait jamais défaut quand il s'agissait d'introduire dans la province des fabrications nouvelles ou enviées à d'autres pays.

C'est ainsi qu'à Clermont fut établie, au faubourg de Saint-Alyre, une fabrique importante de *somières*, *ratines frisées*, *espagnolettes*, etc., articles de draperie commune, qui imposaient à la province un tribut assez lourd au profit du Languedoc.

A Bort, limite du Limousin, furent créés de nombreux métiers pour s'approprier la fabrication, spéciale à cette province, d'une sorte de toiles alors recherchées. Il reste encore des traces du commerce, longtemps florissant, que cette création appela dans cette petite ville.

Mais c'est surtout à Ambert et dans les localités voisines qui forment aujourd'hui son arrondissement, que l'activité commerciale et industrielle avait pris un grand développement. On y fabriquait non-seulement les étamines à pavillon, à l'usage des vaisseaux du roi et du commerce, fabrication qui s'y est heureusement conservée, mais encore quantité d'étoffes de laine et soie, soie et poil de chèvre, laine et poil de chèvre, qui sous les noms divers et quelquefois bizarres de *burats* ou *camelots*, *diablement forts* ou *velours de gueux*, *cannelés* ou *amen*, s'écoulaient partie en France, mais surtout à l'étranger. Naples les demandait par deux cents pièces; quatre ou cinq villes maritimes d'Espagne, à elles seules, en consommaient la plus forte part.

Des notes des inspecteurs des manufactures il résulte

qu'à Ambert, à la fin de 1725, quatre cents métiers, donnant de l'occupation à deux cents familles, furent recensés, et que la production totale de cette ville et des paroisses voisines, Cunlhat, Domaize, Auzelles, etc., s'éleva en douze mois, de 1730 à 1731, à 11,962 pièces de vingt à trente aunes, lesquelles avaient été marquées du plomb au bureau d'Ambert.

Le temps a emporté ou déplacé ces industries, sans en laisser de traces; mais heureusement l'activité et le travail ne les ont pas suivies dans leur émigration : l'arrondissement d'Ambert est resté, comme devant, l'un des plus industrieux du département.

TISSUS DE SOIE.

S'il faut en juger par le nombre et la nature des produits qui nous sont venus d'Aurillac, la sève industrielle circule abondamment dans cette ville, et pousse de vigoureux bourgeons. De cette généreuse effervescence est née récemment une fabrique d'étoffes de soie, qui a voulu essayer ses premiers pas à notre exposition. Huit coupons de soieries unies, gros de Naples et poult de soie, de couleurs assorties, ont été soumis à l'appréciation du jury. Il n'y a reconnu d'autres défaillances que celles qui sont inséparables d'un début dans une fabrication difficile; l'apprêt et le tissage se perfectionneront avec la pratique, et le nouvel établissement réalisera, nous en sommes convaincus, toutes les espérances que Mesdames X... ont conçues en le fondant. Le jury a accordé à ces dames une mention honorable.

TISSUS DE LAINE.

Cette partie de l'exposition présentait un intérêt particulier. On y découvrait à première vue les signes d'un progres, nous pourrions dire d'une heureuse transformation, qui s'accomplit dans l'une des branches les plus importantes de notre industrie lainière. Enchaînée jusqu'ici à la fabrication des étoffes grossières qui servent à vêtir nos populations rurales, elle rompt ses liens pour entrer dans des voies nouvelles, où elle trouvera un emploi plus fructueux et plus relevé aux laines du pays, et s'élèvera elle-même dans l'ordre de la production.

La belle exposition de draperie et de couvertures de laine de MM. Gérin et Mourait frères, offrait un exemple de ce que cette utile évolution a déjà réalisé d'avantages et en promet pour l'avenir.

MM. Gérin et Mourait fondèrent, il y a une dizaine d'années, à Sayat, près Clermont, une manufacture qui emploie aujourd'hui un assez grand nombre d'ouvriers. Avec les laines du pays, ils fabriquent, dans les qualités moyennes, tous les genres de draperie unie, croisée et de fantaisie. Leurs produits sont recherchés sur notre place et dans les départements voisins; ils luttent même sans désavantage sur des marchés plus éloignés, où ils rencontrent ceux de fabriques plus anciennement accréditées. Ces messieurs produisent, avec plus de succès encore, des couvertures de laine d'excellente qualité, à des prix que le commerce trouve modérés.

M. Getting, dont la manufacture, située à Maringues, croît rapidement en importance, produit aussi et avait exposé des couvertures de laine d'une fabrication méritoire.

Les couvertures de laine de M. Ponchon, fabricant à Issoire, quoique légèrement inférieures aux précédentes, se présentaient aussi dans de bonnes conditions de fabrication et de qualité.

Le jury a accordé une médaille d'argent à MM. Gérin et Mourait frères, une médaille de bronze à M. Getting, une mention honorable à M. Ponchon.

ÉTAMINES D'AMBERT.

Si la ville d'Ambert ne possède plus toutes ses fabrications du dix-huitième siècle, si elle a fait récemment une perte plus regrettable encore, celle de cette papeterie célèbre qui eut le privilége, pendant trois cents ans, de servir à l'impression des chefs-d'œuvre de l'esprit humain, elle a conservé et considérablement agrandi deux branches de ses anciennes industries, les étamines et les articles de mercerie.

Ces deux fabrications suffisent pour occuper l'activité des populations qui l'entourent.

Les étamines dites à pavillon sont une simple toile de laine, susceptible de recevoir et de garder solidement les couleurs, très-résistante malgré sa frêle apparence, grâce à l'excellente qualité des laines dont elle est tissée. La marine de l'Etat et celle du commerce l'emploient depuis des siècles, et lui empruntent le glorieux pavillon qu'elles arborent sur toutes les mers, les flammes des navires et les ceintures des matelots. Ce tissu fournit en outre aux fêtes publiques leurs décorations, leurs drapeaux, et, dans des qualité spéciales, se prête à divers usages de l'économie domestique.

L'industrie des rubans de fil et de laine a franchi de beaucoup ses anciennes limites ; elle comprend maintenant les lacets, les gances, les galons de soie et de fil, et toute la série des articles de mercerie que Saint-Chamond et autres villes du département de la Loire ont longtemps monopolisés.

Ces fabrications communiquent, sur un grande échelle, la vie et le mouvement à une multitude d'industries collatérales, la filature, le blanchissage, la teinture, le tordage, le calendrage, le paquetage et autres opérations qui occupent un grand nombre de mains.

Par son importance acquise et par ses développements incessants, l'industrie ambertoise se place au rang des principales de notre département; mais il n'est pas une de celles-ci qui ne doive porter envie à son organisation intérieure. Elle repose, en effet, sur des bases séculaires et privilégiées, dont l'application au système général des manufactures, si elle était possible, ne laisserait que peu à faire aux utopistes de l'organisation du travail.

Une douzaine de grandes maisons d'Ambert, sans préjudice de beaucoup d'ouvriers qui travaillent à leur propre compte, sont à la tête de la fabrication. Elles fournissent aux travailleurs, tant dans la ville qu'à la campagne, les métiers, les matières premières, et paient les ouvrages à façon. L'ouvrier travaille ainsi chez lui, en famille, à côté de son champ qu'il cultive à ses moments perdus. En cas de relâche dans les commandes, le fabricant, qui est généralement propriétaire, l'emploie aux travaux agricoles. Point de chômage ni de grèves possibles. Nous lisons dans une note intéressante que nous avons sous les yeux : « Le grand-père, le père de l'ouvrier, ont travaillé pour le grand-père, le père du fabricant; les fils travailleront pour le fils. Ces rapports traditionnels entretiennent la confiance et la plus constante harmonie entre l'ouvrier et le fabricant. »

Cependant, cette industrie florissante et si libre de ses allures avec ses ouvriers, n'est pas exempte de soucis pour son avenir. Ambert, situé au milieu des montagnes, à distance de tout chemin de fer en exploitation ou concédé, souffre de cet isolement, qui le prive des avantages de ces voies rapides et économiques. La lenteur et le haut prix des transports par terre pèsent lourdement sur ses produits et menacent d'en comprimer l'essor. Espérons que le gouvernement se préoccupera des vœux et des plaintes légitimes que lui adresse cette ville, et qu'il mettra un terme à cette situation.

Trois honorables maisons d'Ambert, MM. Bernard-Dupuy, Vimal-Vialis et Vimal-Vimal, avaient fait de belles exhibitions de leurs produits, tant en pièces d'étamines diverses qu'en nombreux articles de mercerie. Les trois fabrications présentaient toutes la perfection dont elles sont susceptibles, et le jury a accordé une médaille d'argent à chacun des exposants.

LIMOUSINES.

Le jury ne devait pas refuser son attention à un modeste perfectionnement introduit par M. Dauriac, de Saint-Flour, dans la fabrication des limousines ou marègues, étoffe de laine et de poil assez grossière, qui rend néanmoins plus de services que les tissus les plus luxueux. C'est elle qui fournit aux habitants de nos montagnes les capes ou manteaux qui les protègent contre les intempéries de leur rude climat. M. Dauriac s'est appliqué à compléter l'imperméabilité naturelle de cette étoffe. Le jury a pensé que ce service hygiénique rendu à une classe nombreuse de nos compatriotes, méritait une médaille de bronze.

FIL DE LAINE.

M. Jourdan-Rodde, d'Issoire, a voulu montrer, dans sa vitrine, la laine en suin dans tous les états par lesquels elle passe successivement pour arriver à l'état de fil. Quoique ses divers apprêts, exécutés à la main, soient de beaucoup distancés par les procédés nouveaux, une mention honorable a été accordée à M. Jourdan-Rodde.

2me *Classe.*

Tissus et Fils de chanvre et de coton.

SAINT-MARTIN-LÈS-RIOM.

La filature mécanique de chanvre de Saint-Martin-lès-Riom, fondée en 1844, et retenue longtemps hors de ses voies par de nombreuses et cruelles vicissitudes, a vu luire enfin de meilleurs jours. Acquise, en 1855, par un éminent industriel du département du Nord, M. Brière, elle reçut de lui, avec la stabilité, l'impulsion puissante sous laquelle on l'a vue depuis déployer largement ses forces productives et son activité.

Cette grande usine occupe aujourd'hui 300 ouvriers, hommes, femmes et enfants de 12 à 15 ans, dont les salaires s'élèvent de 5 à 600 fr. par journée. Sa production quotidienne, en fils de tous numéros, s'élève en moyenne à 1,600 kilog., et sa consommation, en chanvre teillé et broyé, de 600 à 650,000 kilog. par an.

Elle se procure ces énormes approvisionnements de chanvre de préférence sur les marchés de la Limagne; mais faute de les y trouver en quantité et en qualité suffisantes, elle en tire le complément de l'Anjou et de la Touraine, parfois même d'Italie.

Ses fils, sans aucun mélange de lin, et destinés uniquement à la fabrication des toiles, s'emploient dans le département, mais sans s'y épuiser; le reste trouve de faciles débouchés dans les autres centres de fabrication toilière de la France, et notamment dans le Midi.

On voit que l'administration de Saint-Martin reste fidèle au principe d'alliance perpétuelle avec les intérêts agricoles et industriels du pays qui inspira les premiers fondateurs.

Elle offre d'une manière permanente, à l'agriculture, un placement certain et avantageux de ses récoltes de chanvre, et à l'industrie des toiles, une forte quantité de fils perfectionnés, en addition à ses ressources ordinaires en fils à la main. Ce n'est pas sa faute si, négligeant ces avantages, et se laissant aller à des tendances qui ne sont pas sans périls, au moins pour notre industrie toilière, l'une et l'autre l'obligent à demander à l'extérieur ses approvisionnements en matière première, et des débouchés pour ses produits.

Les agriculteurs, en effet, par suite de la préférence qu'ils accordent à d'autres plantes industrielles, limitent de plus en plus leurs ensemencements de chanvre; et tandis que partout ailleurs les procédés du rouissage, qui influent si essentiellement sur la qualité de ce textile, reçoivent des améliorations notables, les leurs se maintiennent dans leur ancienne imperfection. On ne saurait voir sans regret ces signes de délaissement de l'un des meilleurs et des plus renommés produits de notre sol.

De leur côté, nombre de fabricants de toiles, tentés par le bas prix des fils de lin que les filatures du Nord leur livrent en qualité médiocre, les substituent aux fils de chanvre à la main de beaucoup plus chers, ruinant ainsi, du même coup, l'intéressante et antique industrie des fileuses de nos campagnes, et altérant la qualité des toiles au risque d'en éloigner les acheteurs.

Espérons qu'une réaction salutaire amènera les uns et les autres à une appréciation plus intelligente de leurs intérêts.

L'usine de Saint-Martin, qui, grâce à son puissant outillage, tenu au courant des progrès spéciaux réalisés par la mécanique, donne à ses produits toute la perfection désirable, avait jugé à propos de n'envoyer à l'exposition que des fils fabriqués avec du chanvre de Limagne de la mauvaise récolte de 1862, du chanvre conséquemment de qualité inférieure. Ces fils n'en réunissaient pas moins les conditions de force et de régularité requises pour un excellent emploi.

La même vitrine contenait des échantillons de chanvre teillé, moulagé et de filasse. Deux des spécimens de chanvre teillé y figuraient, à dessein de faire ressortir et de caractériser l'influence que le rouissage peut exercer sur la qualité et la valeur vénale de cette denrée. Les deux échantillons, achetés simultanément à la halle de Clermont, avaient été payés, l'un 120 fr. les 100 kilog., l'autre 76 fr. seulement. 44 fr. d'écart entre deux produits qui à l'origine se valaient !

Le jury, considérant la haute importance de l'usine de Saint-Martin, les services qu'elle est appelée à rendre à l'agriculture et à l'industrie toilière du pays, et la perfection de ses produits, a décerné à ses gérants, MM. L. Bossy et Cie, une médaille d'or.

Notre industrie départementale s'est enrichie récemment d'une fabrique de toiles de chanvre tissées à la mécanique, dirigée par MM. Breyton et Cie, de Riom, et tout annonce qu'elle a fait une heureuse acquisition. Ces Messieurs figuraient parmi nos exposants. Leurs toiles, par la régularité du tissage, par l'uniformité du grain qui les distinguent, méritent l'attention du commerce et doivent obtenir une bonne place dans ses faveurs.

Le jury a accordé à MM. Breyton et Cie une médaille d'argent.

M. Grenet, Clément, de Riom, a exposé aussi des toiles fort bien fabriquées que le jury a jugées dignes d'une médaille de bronze.

M. Malfériol-Lajeoffrerie, de Clermont, a exposé un très-bel assortiment de linge de table damassé, à côté duquel fonctionnait le métier à la Jacquard sur lequel il fabrique. L'affluence du public devant cette exhibition témoigne de l'intérêt qu'elle a excité. Comparables, en effet, pour la finesse du tissu et la richesse des dessins, aux produits des meilleures fabriques, on croit que ceux de M. Malfériol les surpassent sous le rapport de l'usage et de la durée.

Une médaille d'argent a été attribuée à cet exposant.

Une exposition plus modeste des mêmes articles, celle de M. Rigaud, de Clermont, devait nécessairement souffrir du voisinage de la précédente. Le linge de table de M. Rigaud n'en était pas moins digne d'une sérieuse attention; il a valu à ce tisserand une mention honorable.

L'intéressante institution dirigée par Mlle Jalicon, de Chamalières, avait exposé de très-jolis ouvrages en tricot, broderie, jetés de lits et de fauteuils, stores, etc., exécutés par les jeunes filles aveugles auxquelles cet établissement donne asile. Le jury, jaloux d'encourager ce philanthropique établissement, a récompensé Mlle Jalicon par une médaille de bronze.

MM. Odin frères, tisserands à Maringues, fabriquent des étoffes de chanvre et de coton très-renforcées et d'une solidité remarquable, à l'usage de la classe ouvrière et des travailleurs agricoles. Le jury leur a accordé une mention honorable.

Les fils de coton teints, blanchis, moulinés et pelotonnés, produits de la fabrique de M. Salis-Ojardias, de Billom, ont paru au jury mériter des encouragements et l'honneur d'une médaille de bronze.

Une mention honorable a été accordée à M. Bouchet-

Roux, peigneur de chanvre à Clermont, pour ses échantillons de chanvre peigné.

Les connaisseurs se sont accordés à faire grand cas des filets de pêche, et notamment d'un épervier *dru* de dimensions exceptionnelles, fabriqués et exposés par M. Jourdain, de Clermont. Une mention honorable a été donnée à M. Jourdain.

CORDERIE.

Six exposants concouraient pour cette industrie, qui s'est élevée ici à une certaine importance. Tous les produits exposés se recommandaient par des mérites divers que le jury a balancés avec soin, et qui tous lui ont paru mériter une récompense. Il a décidé que des médailles de bronze seraient accordées à M. Paulet-Sabattier, de Jumeaux, qui exposait en même temps un câble de fer destiné au gréement du brick la *Samaritaine* de Bordeaux; à MM. Clavel aîné, de Clermont; Margot-Labourier, de Maringues; Rudel, de Pont-du-Château, et que des mentions honorables seraient données à MM. Aucler, de Clermont, et Paris, Alexandre, de Pont-du-Château.

3me *Classe.* — 1re Section.

DENTELLES, NOUVEAUTÉS, MODES, LINGERIE, CONFECTION, TAPIS, TAPISSERIES ET OUVRAGES D'AIGUILLE.

L'une des salles d'audience du tribunal civil avait été assignée à la mode pour y tenir ses assises. L'austérité de l'enceinte avait disparu derrière un quadruple rempart de charmantes frivolités dont l'ensemble, disposé avec goût, présentait une mise en scène d'un effet ravissant.

L'une de nos premières maisons de nouveautés contribuait puissamment à l'éclat de cette partie de l'exposition. Des premiers, M. A. Ossaye (ancienne maison Sauret), avait répondu à l'invitation adressée au commerce de prendre part à notre grande manifestation, sans concourir cependant aux récompenses réservées aux seuls inventeurs et fabricants de la circonscription.

Avec un désintéressement qui lui fait honneur, M. A. Ossaye s'empressa de disposer, dans une élégante et spacieuse vitrine, ses plus riches soieries, ses dentelles et ses cachemires, rehaussant encore sa magnifique exhibition par celle d'articles de plusieurs maisons importantes de fabrique, que la rigueur du règlement, à notre grand regret, excluait du concours. Il nous sera au moins permis, en adressant des remercîments à M. A. Ossaye, de citer honorablement MM. Bourgeois frères, de Paris, plusieurs fois lauréats des expositions de Londres et de la capitale, pour leurs châles cachemires français d'un tissu très-fin et d'un coloris nouveau fort recherché, produits d'une fabrique de 250 métiers qu'ils exploitent à Sohain (Aisne). Cette fabrique fut fondée originairement par MM. Gagnon et Culhat, d'Aigueperse, qui honorent notre pays dans l'industrie.

La même mention spéciale revient à MM. Pagny aîné et Maréchaux, de Paris, honorés de médailles d'argent à Paris et à Besançon pour leurs produits en dentelles noires, châles et volants de leurs fabriques de Caen et de Chantilly.

Au même titre qu'à M. Ossaye, nous devons des remercîments pour leurs exhibitions désintéressées :

A M. Dejou, pour sa belle vitrine d'articles de blanc, rideaux et stores brodés, et de guipure, linge de table d'une grande beauté, etc.;

A Mme Daguillon pour une belle broderie;

A MM. Fougère-Mège et Rivoire, chapeliers garnisseurs,

pour leurs vitrines splendidement fournies de leurs articles de coiffures et insignes civils et militaires, armes et décorations, qui produisaient le plus bel effet.

Parmi les articles de luxe, à tous les degrés, qui font l'objet de ses opérations, une autre de nos premières maisons de nouveautés, celle de M. Vidal-Léon, avait choisi, pour l'exposition, une ample exhibition de costumes et de lingerie d'enfants d'une variété et d'un goût exquis. Si, dans les motifs de cette préférence, entrait la pensée de séduire et de flatter les jeunes mères, l'intention n'a pas manqué son but. Du commencement jusqu'à la fin, ces mignonnes parures ont eu le privilége de fixer des regards où la convoitise se mêlait à l'approbation. Le jury a décidé qu'une médaille de bronze serait délivrée au nom de Mlle Adèle Léopold, petite-fille de M. Vidal-Léon, l'inspiratrice, comme dirait un journal de modes, de ces charmantes confections.

M. Paulin Ribes exposait des broderies, des lingeries, des dessins imprimés de broderies et de costumes d'enfants, exécutés par des procédés de son invention très-appréciés par la clientèle. Le jury a attribué à M. Paulin Ribes une médaille de bronze.

La vitrine de Mme Finaud, de Clermont, présentait de très-élégantes confections de robes de dames et de costumes d'enfants.

Une mention honorable a été accordée à Mme Finaud.

M. Pouchol avait exposé de la chemiserie d'hommes et ses accessoires. Le jury a remarqué le goût sobre et sûr de ses confections, et il a attribué à M. Pouchol une médaille de bronze.

MM. Silvant et Brun concouraient pour les mêmes articles, auxquels étaient joints des objets de lingerie pour dames. L'art du chemisier ne déchoira pas dans cette maison, dont les confections se font remarquer par une extrême élégance. Le jury lui a accordé une mention honorable.

L'industrie des dentelles du pays ne manifestait sa présence que par une seule vitrine, celle de Mme Bachellerie, d'Arlanc, avec de beaux échantillons, il est vrai, de guipures et dentelles en moyenne largeur. Mme Bachellerie contribue activement à l'extension de la fabrication de cet article de luxe, qui répand l'aisance dans plusieurs cantons populeux de nos montagnes, en y procurant des salaires avantageux aux femmes et aux jeunes filles, qui autrement resteraient inoccupées. Le jury s'est plu à récompenser à la fois, par une médaille de bronze, l'utile concours que Mme Bachellerie prête à cette industrie et le mérite des objets exposés.

Les critiques sérieuses ou badines pleuvent sur le corset. On l'accuse de mensonge et d'exercer sur la santé de ses belles clientes une influence pernicieuse. On conclurait volontiers à sa suppression, sans penser au préjudice qu'en éprouveraient les corsetières. Il faut être juste, cependant : tant que les dames refuseront de se séparer de cet appareil gênant, considéré comme indispensable à leur toilette, l'office de la corsetière aura sa raison d'être; son utilité même sera manifeste, si, par une coupe intelligente, par la souplesse et l'élasticité des étoffes qu'elle emploie dans ses confections, elle réussit, en quelque mesure, à neutraliser les inconvénients dont on se plaint.

Envisagée d'ailleurs par un côté tout à fait sérieux, le côté économique, l'industrie des corsets ne doit pas être dédaignée. Autant qu'aucune des autres qui relèvent comme elle de la mode, elle contribue à grossir le chiffre des salaires que les ouvrières de la couture prélèvent sur le luxe. Serait-il indifférent de priver une classe déjà si peu favorisée d'un appoint considérable de ses ressources, alors surtout que les machines empiètent de plus en plus sur son travail?

Se plaçant à ce point de vue, et considérant de plus que trois exposantes de corsets, Mmes Athanasse, Argillet et Deyriès-Battu, paraissent comprendre leur art dans le sens indiqué plus haut, le jury a accordé à chacune de ces dames une mention honorable.

M. Verrier, de Clermont, exposait une vitrine de chapeaux de paille pour dames et pour enfants de très-bon goût. M. Verrier confectionne ces articles, et c'est lui qui le premier introduisit à Clermont la fabrication du chapeau de paille. Le jury lui a attribué une médaille de bronze.

Des broderies à deux faces exposées par Mmes Cognard et Beaujeu, de Saint-Just-en-Chevalet, ont beaucoup arrêté l'attention des dames. Ce genre de broderie reproduit sans envers les points de plumetis, d'arme et autres, sur des écrans, des ceintures de soie, les objets de lingerie, etc. Il exige beaucoup d'habileté et de patience, et Mes Cognard et Beaujeu l'exécutent supérieusement. Le jury leur a accordé une mention honorable.

Mlle Viple, couturière à Riom, possède à un degré remarquable le talent des reprises perdues, qui consistent, comme on sait, à restituer les parties d'un tissu emportées par des taches ou des déchirures. Ce travail difficile ne réussit d'ordinaire qu'imparfaitement. Mlle Viple l'accomplit sur des étoffes de toute nature, les plus communes comme les plus précieuses, avec une perfection qui trompe l'œil le plus exercé. Le jury a jugé cette habile et modeste ouvrière digne de recevoir une médaille de bronze.

TAPIS.

Les tapis ont figuré en petit nombre à l'exposition. M. Dubaud-Barraband, d'Aubusson, exposait seulement une carpette et un tapis de table, et M. Montabret-Lépine, de Felletin, un tapis d'appartement. L'exhibition de M. A. Trapet, plus importante, consistait en deux portières avec leurs cantonnières, d'un travail très-fin, très-riche de dessin et de couleur, plus un lambrequin de croisée et une descente de lit représentant une panoplie d'attributs de chasse, ce dernier article d'une magnifique exécution. Une médaille de bronze a été donnée à M. A. Trapet, des mentions honorables à M. Dubaud-Barraband et à M. Montabret-Lépine.

TAPISSERIES. — OUVRAGES A LA MAIN.

L'importance de ce genre d'ouvrages, aussi intéressants au point de vue moral qu'à celui de l'industrie, n'a pas besoin d'être rappelée. Apanage des femmes, ils ouvrent à leur activité un champ d'occupations utiles ou agréables aussi étendu que celui de la fantaisie. C'est une source inépuisable de saines distractions qui animent et réjouissent leur vie d'intérieur; les femmes mêmes du plus grand monde n'échappent pas à leur attrait.

Le rôle qu'ils jouent dans l'industrie est en même temps des plus sérieux. Grâce à eux, d'innombrables ouvrières trouvent, au sein même de leurs familles, une occupation attrayante, sans fatigue et généralement mieux rétribuée que les autres branches du travail féminin. Ils déterminent, en outre, un mouvement commercial important, à raison de la quantité et de la variété infinie de fournitures qui entrent dans leur confection.

En tête et hors ligne de ceux qui ont paru à l'exposition, nous devons mentionner deux tableaux en tapisserie au petit point, représentant l'un un paysage d'Italie, l'autre l'intérieur d'un cloître, tous deux l'œuvre de Mme ***, de Clermont.

Le public s'étonnait, avec raison, de voir ces chefs-d'œuvre d'une aiguille douée d'une puissance égale à celle du pinceau, figurer parmi les produits de l'industrie. Leur place, en effet, avait d'abord été marquée parmi les bonnes toiles des galeries de peinture. Ils n'en furent retirés qu'à la demande expresse de l'auteur, dont la modestie se refusait à cet honneur insolite et cependant si mérité. Le cercle épais de visiteurs, constamment formé devant ces admirables tapisseries, témoigne de leur valeur incomparable et donne la mesure de l'effet qu'elles ont produit.

Le jury n'avait pas à les apprécier au point de vue de la récompense, l'auteur s'étant mis hors de concours; mais il s'est fait un devoir de reconnaître, par un hommage public, l'obligeante condescendance de Mme ***, à laquelle l'exposition a dû l'un de ses plus beaux ornements.

Dans l'ordre du mérite, venait une bannière d'église en tapisserie figurant l'assomption de la Vierge. Ce bel ouvrage, splendidement orné de franges et de glands d'or, est destiné, dit-on, à notre Cathédrale. On y reconnaissait une habileté de main et un goût supérieurs qui se rencontrent rarement dans les ateliers. Nous en félicitons Mme Blanchet, de Clermont, qui exposait, en même temps que la bannière, un prie-Dieu monté et une couverture de chaise, autres tapisseries d'un beau travail.

Le jury a accordé à Mme Blanchet une médaille de bronze

Un amateur que son anonyme a placé hors de concours, avait exposé trois tableaux mystiques en tapisserie et un tapis en drap brodé en relief. L'un des tableaux, représentant l'Agneau symbolique, a été remarqué comme l'œuvre d'une main exercée.

Deux tableaux en tapisserie de Mlle Colin, de Clermont; un guéridon brodé en perles et une couverture de chaise de Mlle Déperrier, de Clermont, ont valu à chacune de ces dames une mention honorable.

Les objets assez nombreux qui composaient le surplus de cette classe d'ouvrages, ont paru au jury, plusieurs bien faits, quelques-uns ingénieux, d'autres des œuvres de patience très-estimables, mais sans droits suffisants pour prétendre à des récompenses.

2me Section.

CHAUSSURES.

Chaussure mécanique.

L'emploi des machines a profondément modifié l'industrie de la chaussure de cuir. Antérieurement, la production, subordonnée aux hasards des commandes et aux lenteurs coûteuses de l'exécution manuelle, n'était pas susceptible de prendre un grand essor. Aujourd'hui, elle ne connaît plus de limites, au moins dans les moyens expéditifs et économiques de fabrication dont elle dispose.

Nous possédons à Clermont deux fabriques mécaniques de chaussures à vis et clouées.

La plus anciennement établie, celle de M. Garcin fils, emploie plus de cent ouvriers des deux sexes. Les machines y sont mues par la vapeur, et toutes les opérations s'y exécutent avec une précision et une célérité surprenantes. L'une des machines est de l'invention de M. Garcin.

L'autre fabrique est exploitée par M. Battu-Boissier, et dispose aussi d'un outillage puissant.

Toutes deux avaient exposé.

La chaussure mécanique a ses défauts et ses qualités. Les défauts, inhérents au système et difficiles à corriger, paraît-il, sont la pesanteur, la rigidité, l'invariabilité des formes; inconvénients toutefois peu sensibles pour la masse des consommateurs, ou suffisamment compensés à leurs yeux par la qualité des éléments de confection, la solidité, le bon usage et les prix, sinon très-modérés, inférieurs du moins à ceux de la chaussure cousue. Dans ces conditions, les produits des exposants clermontois n'ont rien à redouter de la comparaison avec ceux des meilleures fabriques de France.

Chaussure cousue.

La chaussure cousue, débordée par l'abondance de confections dont son expéditive rivale inonde le marché, dispute son terrain vaillamment, mais péniblement, trahie qu'elle est dans la lutte par le haut prix de ses salaires. Cependant, retranchée dans une supériorité d'élégance et d'ajustement inaccessible à celle-ci, dans sa facilité plus grande de varier ses formes selon les caprices de la mode, non-seulement elle se défendra longtemps, mais elle conservera son privilége exclusif de chausser le monde élégant.

C'est ce que l'on pouvait prédire à coup sûr, devant les chaussures luxueuses, souples, légères, si finement ornementées, que deux cordonniers de Clermont, M. Cougout et M. Barthomeuf, avaient exposées.

Le jury a attribué une médaille d'argent à M. Garcin fils; une médaille de bronze à M. Battu-Boissier; une médaille de bronze à M. Cougout; une mention honorable à M. Barthomeuf.

SABOTS.

La saboterie s'est partagée en deux branches très-distinctes.

L'une continue, sans souci du progrès, l'ancienne fabrication du gros sabot, si bien approprié à l'hygiène et à l'usage des populations rurales.

L'autre, travaillant pour les villes et des classes plus aisées, s'exerce naturellement dans des conditions plus raffinées.

La première, malgré son importance généralement peu remarquée il est vrai, ne se montre pas aux expositions, et nous n'aurions rien à en dire, si nous ne tenions à relever à son honneur deux faits intéressants : elle alimente un commerce d'exportation qui franchit les mers, et auquel l'Auvergne et Clermont prennent leur bonne part; de plus, à l'heure qu'il est, la civilisation qui, comme la Providence dont elle est une manifestation, prend ses instruments où bon lui semble, daigne se servir de nos sabots pour faire son chemin en Kabylie. C'est, assure-t-on, de tous les produits français, celui que nos nouveaux sujets de cette sauvage contrée adoptent le plus volontiers.

Quant à l'autre saboterie, elle s'est présentée à l'Hôtel-de-Ville sous une variété infinie de formes accommodées aux habitudes et aux goûts des localités qu'elle dessert. Sa tendance la plus accusée cependant, est l'imitation de la chaussure de cuir. Les fabricants de Clermont et de Riom, en particulier, y réussissent au point de faire illusion à première vue. On a pu voir dans leurs vitrines tous les genres de chaussures, souliers, bottines d'hommes et de femmes, etc., reproduits, ou peu s'en faut, avec le luxe et l'élégance que leur donne le cordonnier. Il est vrai que de plus en plus il entre moins de bois que de cuir dans le sabot. Au temps des jurandes et des maîtrises, l'infraction aux priviléges eût été flagrante, et les sabotiers auraient eu maille à partir avec les cordonniers.

Quoi qu'il en soit, le sabot est aujourd'hui une chaussure restée hygiénique, rendue plus légère, luxueuse même, s'il plaît au consommateur. Ces avantages, combinés avec un bon marché relatif, en étendent la consommation bien au-delà des limites du département et des départements voisins. Il en résulte un mouvement d'affaires très-profitable à la fabrication et à nombre de petites industries que le jury s'est plu à encourager libéralement.

Il a décerné une médaille d'argent à M. Prulhère fils aîné, de Clermont; des médailles de bronze à MM. Faviot-Barrière de Riom, Laussert d'Aurillac, Revel d'Aurillac, Granet, ouvrier intelligent de Clermont, pour ses formes et cambres; des mentions honorables à MM. Antoine Tournade, de Limat, près Rochefort, et Bigay, de Thiers.

CHAPELLERIE.

La chapellerie était représentée par six exposants, et très-amplement par deux d'entre eux, M. Bourdel-Roddier, de Clermont, et MM. Mégemond frères, de Bort (Corrèze), qui exploitent des fabriques importantes dans leurs localités respectives. Un seul fabricant, M. Marc, de Clermont, avait exposé des chapeaux de soie.

Les vitrines de M. Bourdel-Roddier et de MM. Mégemond frères, offraient de nombreux spécimens de chapeaux en feutre, en castor, en laine, et en même temps des matières premières qu'ils emploient dans leur fabrication. Ces produits, où prédominaient les qualités moyennes, dont la consommation est la plus étendue, ont paru au jury fort remarquables, tant sous le rapport de la fabrication que de la teinture, du bon goût et de la variété des formes, de la modicité des prix. On peut dire avec justice, des exposants, qu'ils sont à la hauteur des progrès accomplis par la chapellerie française, qui occupe un rang distingué dans toutes les expositions.

Des articles similaires en petit nombre, de M. Barraband, d'Aubusson, méritaient aussi l'attention.

Le jury a accordé des médailles de bronze à MM. Bourdel et Roddier et à MM. Mégemond frères; des mentions honorables à MM. Barraband d'Aubusson, Espinasse de Vic-sur-Cère (chapeaux souples et imperméables pour les ouvriers des champs), Marc de Clermont et Ligneras-Mazet d'Issoire.

FOURRURES.

Un religieux qui écrivait au quatorzième siècle, nous a laissé quelques lignes intéressantes sur le goût des fourrures, qui de son temps était, selon son expression, de *la fureur*. « Celui-là seul, dit-il, qui a payé des habillements fourrés complets, sait aussi bien que le fourreur qu'il faut, pour le grand manteau, 300 martres, dos ou côtés, et 600 petits gris fins; qu'il faut, pour la grande robe de cérémonie, 2,600 ventres de menu-vair; qu'il faut, pour une robe *à relever de nuit*, 2700 dos de menu-vair; qu'il faut, pour le surcot clos, le surcot ouvert, le chaperon, 600 ventres, 500 ventres, 90 ventres..... ; aussi l'art du fourreur s'est-il élevé à un très-haut degré et s'élève-t-il encore. »

Assurément, pour les prodiguer ainsi, il fallait qu'au moyen âge les fourrures fussent moins rares et à meilleur compte que de nos jours, où, bien qu'on en use plus sobrement, elles sont devenues, sinon introuvables, du moins inaccessibles aux fortunes ordinaires, à raison de l'élévation de leur prix.

Par suite l'usage s'en est singulièrement amoindri. Peut-être même, à la longue, eût-il été délaissé tout-à-fait, si l'habileté traditionnelle de nos fourreurs, déjà signalée par le vieux chroniqueur et qui n'a pas décliné avec leur marchandise, n'y avait pourvu.

Pour suppléer au défaut de pelleteries précieuses, ils ont entrepris de les imiter, et ils y ont réussi avec un succès sans égal. Soumise à d'ingénieux procédés d'apprêt et de teinture, la dépouille de plusieurs espèces de nos animaux domestiques prend le lustre et l'apparence des fourrures les plus recherchées, et les remplace dans l'usage avec un énorme avantage de prix.

Les rapports de l'exposition de Londres signalent la haute importance de cette invention de nos fourreurs, qui ravive leur industrie et lui rendra, et au-delà, son ancienne prospérité. Leurs exportations de fourrures artificielles dans les contrées septentrionales de l'Europe et en Amérique, c'est-à-dire aux sources mêmes d'où l'on tire les vraies, s'élèvent déjà à des chiffres imposants.

On sait d'ailleurs que les fourreurs français excellent entre tous leurs confrères européens, dans l'art de choisir, d'assembler les fourrures et de les confectionner pour les divers emplois; la belle et abondante exposition de MM. Sanitas-Dorsner père et fils nous l'eût rappelé au besoin. Un immense tapis de leur fabrication, portait témoignage que le talent d'assortir et de nuancer, selon les règles de la symétrie et du dessin, des centaines de peaux, s'est perpétué à travers les âges; et leurs confections, tant en pelleteries rares et du plus haut prix qu'en imitations, présentaient, dans leur variété, un assemblage complet de tout ce que l'art de la fourrure produit de plus élégant et de plus gracieux.

Pour montrer qu'ils n'étaient étrangers à aucune partie de leur profession, les exposants avaient joint une collection d'oiseaux et d'animaux empaillés avec art, qui a eu sa part dans l'effet produit par leur exhibition.

Le jury a conféré à MM. Sanitas Dorsner père et fils une médaille d'argent.

PARAPLUIES.

L'une des vocations favorites des émigrants de la haute Auvergne, est le commerce des parapluies. Ils vont colportant cet utile instrument par toute la France, obligés jusqu'à ces derniers temps de changer fréquemment leur itinéraire, pour refaire leurs assortiments épuisés au centre de fabrication le plus voisin.

MM. Periez, Lafon et Pertus, négociants d'Aurillac, pensèrent judicieusement qu'une manufacture de parapluies, située au milieu du pays même de ces marchands voyageurs, répondrait à un besoin de leurs compatriotes. Sur cette donnée ils fondèrent, il y a sept ans, à Aurillac, un établissement de cette nature, qui occupe aujourd'hui plus de cent ouvriers. Le succès fut rapide; leurs produits rayonnèrent bientôt dans toutes les directions, et luttent aujourd'hui sans effort avec ceux des fabriques les plus renommées.

Leur vitrine, à l'exposition, renfermait plus de trois cents modèles, séparés en deux sortes : l'une, l'ombrelle et le parapluie de soie de toutes les qualités, jusqu'au plus grand luxe; l'autre, les mêmes objets en coton, destinés aux classes ouvrières et aux habitants des campagnes. C'est la seconde sorte qu'ils produisent de préférence, à des prix qui partent de 90 centimes, pour s'élever à 6 fr. au plus.

Le jury a examiné avec intérêt ces articles utiles et offerts à si bas prix. Satisfait de leur solidité et de leur bon conditionnement relatifs, appréciant aussi les avantages d'un centre de fabrication d'un objet de grande consommation placé dans notre voisinage, il a accordé à MM. Periez, Lafon et Pertus, d'Aurillac, une médaille d'argent.

EXPOSITION INDUSTRIELLE

DE CLERMONT-FERRAND.

RAPPORT DE M. GUYOT-DESSAIGNE

Au nom de la 3me Sous-Commission.

COUTELLERIE.

Notre département possède l'une des industries nationales les plus vivaces, les plus florissantes. La ville de Thiers et les communes qui l'entourent ne comptent pas moins de vingt mille individus prenant part à la fabrication de la coutellerie. Répandus dans le monde entier, les produits de cette industrie représentent une somme annuelle de plus de douze millions de francs, et tout fait présager que l'avenir leur réserve une extension bien plus considérable. Si l'on songe en effet que, jusqu'à ce jour, les matières premières n'ont pu se trouver à la disposition des fabricants que grevées de frais de transport onéreux ; si l'on fait la part des chômages fréquents d'une industrie réduite encore aujourd'hui aux moteurs hydrauliques, quel degré de prospérité ne saurait-on lui prédire lorsqu'une voie ferrée lui permettra d'obtenir les fers et les aciers à des prix bien inférieurs, lorsque la houille à bon marché aura rendu possible l'emploi de la vapeur comme force motrice ! Aussi, Messieurs, le jury a-t-il été heureux de voir dignement représentée à notre Exposition cette industrie thiernoise, qui, toute grande qu'elle est déjà, n'a pas dit encore son dernier mot, et il a tenu à la récompenser et à l'encourager largement.

M. Sabattier avait bien voulu nous envoyer une vitrine garnie des échantillons de ses meilleurs produits. Il serait inutile de chercher ici à en faire l'éloge : la supériorité de la fabrication de M. Sabattier est un fait hors de conteste, ses rivaux la proclament eux-mêmes. Primé hors ligne à tous les concours, à toutes les expositions universelles où il s'est présenté, M. Sabattier, il y a un an à peine, a reçu de la main de l'Empereur lui-même la croix de la Légion d'honneur. A tant de hautes distinctions si bien méritées, nous n'avons pas osé, même sous la forme d'une médaille d'or, joindre notre modeste témoignage de complète satisfaction. Nous croyons lui en donner un plus éclatant en rappelant toutes les récompenses dont il a été l'objet et qu'il n'est pas en notre pouvoir d'égaler, en proclamant dans notre rapport officiel sa supériorité hors ligne, et en lui décernant un diplôme d'honneur.

La maison que dirigent MM. Chatelet et Cornet est une des plus importantes de la ville de Thiers. Elle fabrique plus spécialement et livre au commerce, à des prix aussi satisfaisants que possible, des couteaux fermants de bonne qualité dénotant un travail suivi et très-soigné. MM. Chatelet et Cornet ont déjà obtenu une médaille d'argent à l'exposition universelle de Paris, et une médaille de première classe au concours international de Londres. Le jury, qui a trouvé sans défaut appréciable tous les échantillons qui lui ont été soumis, leur a décerné une médaille d'or.

M. Saint-Joanis-Blondel a importé dans notre département un genre de fabrication qui est aujourd'hui des plus prospères, celle des couteaux à pièces. Il a également imaginé le premier de substituer aux lames en argent des couteaux à fruits des lames de fer argenté, qu'il livre à un bon marché remarquable. Des couteaux dits coupe-ballots, à l'usage spécial des commis de magasins, sont également de son invention, et la vente s'en élève tous les ans à un chiffre considérable. Tous ces faits, tous ces services rendus à l'industrie coutelière, signalaient M. Saint-Joanis-Blondel à l'attention toute spéciale du jury. Nous avons constaté que ses produits, qui laissent peut-être un peu à désirer sous le rapport du fini, étaient en général d'une très-bonne exécution, et nous lui avons accordé une médaille d'argent.

L'ambition d'aucun industriel de notre ville ne saurait s'élever au point de chercher à lutter contre la terrible concurrence de l'agglomération thiernoise, tant sous le rapport du prix que pour le nombre et la variété des produits; mais, en revanche, M. Delcros nous a présenté des spécimens de sa fabrication dont le fini ne laisse rien à désirer. Indépendamment de son habileté comme ouvrier, M. Delcros se recommandait encore par une invention ingénieuse qui permet de séparer instantanément la lame du manche auquel elle est fixée. Cette idée a fait son chemin. Généralement adoptée aujourd'hui pour la trousse des chirurgiens, elle a permis d'en diminuer considérablement le volume, en n'y laissant subsister qu'un manche unique, auquel on adapte, suivant le besoin du moment, des lames de nature diverse préparées à cet effet. Toutefois, Messieurs, quelque parfait que fût le travail de M. Delcros, nous n'aurions jamais songé à le mettre, au point de vue des récompenses, sur la même ligne que le propriétaire de l'un des établissements les plus prospères de la ville de Thiers, si une collection d'appareils orthopédiques fabriqués avec une intelligence remarquable, ne nous avait montré cet exposant sous un jour tout nouveau, et c'est sa double spécialité que nous avons tenu à récompenser par une médaille d'argent.

M. Beauvoir, dont les ciseaux, d'une forme satisfaisante et d'une bonne qualité, ne laissent, quant au prix, rien à désirer;

M. Mas-Monchard, dont les serpes et les couteaux révèlent un ouvrier consciencieux et habile, ont obtenu chacun une médaille de bronze.

Une distinction semblable a été décernée à M. Prodon pour ses spécimens de couteaux à pièces remarquables par leur bon marché.

Quant à M. Troupel, il est d'une adresse extraordinaire. Sa collection de 130 instruments miniature est un chef-d'œuvre de soins et de patience. Ce sont là de vrais bijoux en acier qu'il nous eût été néanmoins difficile de primer, vu leur inutilité, si une collection d'outils de sabotier d'un bon travail, et la *flamme* mécanique de l'invention de M. Troupel, n'avaient relevé cette exposition au point de vue utile, et permis au jury de lui donner une médaille de bronze.

Deux mentions honorables ont été enfin accordées, l'une à M. Archimbaud-Sanajust pour ses couteaux de Damas, l'autre à M. Melun-Brunel pour son exposition de ciseaux.

ARMES.

La grande et florissante industrie dont nous venons d'analyser les produits trop rapidement peut-être, éclipsait singulièrement à notre exposition sa sœur jumelle, celle des armes à feu. Deux arquebusiers de Clermont, MM. Coirier et Tortrat, avaient organisé cependant des expositions hors concours vraiment remarquables. La vitrine de M. Coirier, garnie de fusils de luxe, d'épées, de poignards, de revolvers artistement groupés, offrait surtout un délicieux coup d'œil. Quant aux travaux personnels aux exposants, et qui, d'après notre règlement, pouvaient seuls être l'objet d'une récompense, l'attention du jury a été attirée d'une manière toute spéciale par une carabine Lefaucheux à crosse brisée et par une paire de pistolets de combat, fabriqués en entier, sauf les canons, par M. Coirier lui-même. Ces armes sont aussi soignées que possible. L'habileté de main de l'ouvrier qui les a exécutées se révèle dans les moindres détails, et leur bonne exécution générale mérite un encouragement. Aussi le jury a-t-il décerné à cet exposant une médaille de bronze.

M. Cancalon expose un modèle de fusil se chargeant par la culasse, d'un système qu'il affirme être nouveau et dont le jury a fait une étude sérieuse. Le but qu'a cherché à atteindre M. Cancalon est depuis quelques années l'objet des préoccupations les plus vives des officiers d'artillerie et du ministère de la guerre. Les fusils Lefaucheux, armes de chasse par excellence dans un pays giboyeux, sont impossibles comme armes de guerre, et cela par une raison bien simple : le mouvement de bascule que, dans ce système, il faut nécessairement imprimer au canon pour y introduire la cartouche, désarticule l'arme complètement et la réduit à deux tronçons distincts que ne relie plus aucune tige rigide ; dès lors, la baïonnette placée au bout du fusil s'incline vers la terre, et laisse entièrement désarmé le soldat qui recharge après avoir tiré. C'est à cet inconvénient que M. Cancalon a cherché à obvier, en apportant plusieurs modifications à un système connu depuis longues années, et dont l'inventeur est M. Pauly. Pour faire place à la cartouche qu'on va employer, on relève en arrière la culasse, qui, dans le système Pauly, se relevait en avant, tandis qu'un petit chariot ramène hors du canon la cartouche précédemment brûlée ; on charge, et, après avoir ramené la culasse à sa position première, on l'y fixe à l'aide d'un verrou qui n'existait, nous le croyons du moins, dans aucun des systèmes employés jusqu'à ce jour.

L'emploi de l'arme de M. Cancalon ferait, sans nul doute, disparaître le danger qui, jusqu'à présent, a fait rejeter le fusil Lefaucheux comme arme de guerre; mais il nous a semblé qu'il en présentait d'autres bien sérieux. Sans parler du nettoyage, qui doit offrir de grandes difficultés, le déchirement que l'explosion amène presque toujours dans le cercle de cuivre qui enveloppe la cartouche du côté de l'amorce, doit être un obstacle fréquent à la marche du petit chariot. Si bien agencées que soient en outre les cheminées d'un fusil, il n'est pas rare de les voir se détacher ou éclater. Dans les armes ordinaires, la cheminée étant verticale, un accident semblable ne fait courir que peu de dangers au tireur. Ici, au contraire, par suite de leur disposition horizontale, les yeux du chasseur ou du soldat seraient gravement exposés. En un mot, dans l'opinion du jury, le système Cancalon, inférieur au Lefaucheux ordinaire comme arme de chasse, présente comme arme de guerre quelques inconvénients. Aussi la mention honorable décernée à cet exposant s'applique-t-elle tout autant à la parfaite exécution des armes exposées qu'au système lui-même.

FABRICATION DES OUVRAGES EN MÉTAUX D'UN TRAVAIL ORDINAIRE. — FONTE D'ORNEMENTATION.

Tout a été dit sur l'utilité des expositions, et une dissertation sur ce point, aujourd'hui hors de conteste, n'entre ni dans nos intentions, ni dans le cadre de ce rapport. Constatons cependant qu'une industrie, malheureusement isolée, presque inconnue il y a quelques mois de la plupart d'entre nous, s'est révélée à notre exhibition par des produits remarquables. MM. Robert Delort et Schulze ont importé à

Sauxillanges l'industrie des toiles métalliques, et, à en juger par la perfection de celles qu'ils exposent, ils sont passés maîtres en leur art. C'est à l'aide de métiers qui ne sont pas sans analogie avec ceux des tisserands qu'ils fabriquent ces tissus métalliques, qui atteignent parfois une finesse comparable à celle des toiles de lin les mieux ouvrées. La supériorité des produits exposés par MM. Delort et Schulze, les services qu'ils peuvent rendre à l'industrie des pâtes alimentaires, en fournissant en bonne qualité le matériel nécessaire au blutage des farines, nous ont vivement impressionnés, et nous avons décerné à cette industrie une médaille d'argent.

Cette classe de produits nous offre, du reste, une foule d'autres industries présentant un intérêt réel. La médaille d'or obtenue par l'ensemble de l'exposition de MM. Lhéritier frères est due en partie aux dessins remarquables des grilles qui figurent autour de la fontaine de la Poterne, et dont l'exécution ne laisse rien à désirer. La statue coulée dans les ateliers de MM. Lhéritier frères est également d'un bon modèle, et a contribué à leur assurer la récompense hors ligne dont ils ont été l'objet.

L'exposition de fontes hors concours de M. Julliard renferme également de très-belles choses. Les grands vases qui sont à l'annexe, les têtes d'animaux qui décorent la cour de la mairie, ont été justement admirés. Mais M. Julliard est de plus fabricant. La clouterie qu'il a fondée, et qu'il dirige encore aujourd'hui, est un des grands établissements industriels de Clermont, dont les produits variés décèlent toute l'importance. Un grand nombre d'échantillons de clous et de béquets de toutes formes et de toutes dimensions ont été trouvés irréprochables par le jury, et M. Julliard a obtenu une médaille d'argent.

L'établissement dirigé par M. Jourdan paraît moins important, puisque trois ou quatre variétés de clous figurent seulement dans sa vitrine. Ce même exposant nous a prélenté des produits de sa tréfilerie, qui nous ont paru généralement satisfaisants, et nous lui avons décerné une médaille de bronze.

Une belle vitrine de robinets en tout genre, fabriqués avec un soin remarquable par M. Deldevez-Debas, lui a valu une médaille de bronze. Dans un pays vignoble comme le nôtre, les bons robinets sont un meuble précieux, et il serait à souhaiter que l'encouragement donné à cette industrie amenât nos paysans à remplacer par des instruments bien conditionnés les mauvais outils en bois qui leur servent encore aujourd'hui, et ne sont que trop souvent la cause de déperditions de vin considérables.

Les produits métalliques se rapportant spécialement à l'économie domestique, forment dans la classe qui nous occupe un groupe industriel d'une importance sérieuse. MM. Zani père et fils exposent hors concours une foule d'articles en métal anglais d'un très-bon choix. Ils fabriquent d'ailleurs eux-mêmes, et sur une assez grande échelle, de la poterie d'étain qui a été fort appréciée par le jury, et qui leur a valu une des médailles de bronze données par S. Exc. M. le Ministre de l'agriculture, du commerce et des travaux publics.

Les ouvrages tant en zinc qu'en ferblanc exécutés chez M. Gorce-Valleix témoignent d'une habileté peu commune. Nous avons remarqué spécialement une baignoire et des arrosoirs d'un bon travail. Un appareil destiné à chauffer les bains à domicile, dans la pièce même où ils doivent se prendre, présente également des qualités qui le rendent essentiellement pratique. Enfin, les moindres objets de cette exposition sont traités avec un soin que nous avons tenu à récompenser par une médaille de bronze.

Sous le nom de cylindre hydropneumatique à syphonnement, M. Vigier expose également un appareil destiné à chauffer les bains. Ce cylindre décèle un rare génie d'invention, et se vend cependant à un prix peu élevé. On peut toutefois lui faire deux graves reproches : le premier, c'est d'être un peu trop compliqué ; le second, c'est de pouvoir se dessouder et même se désorganiser complètement, si la personne chargée de le surveiller manque soit d'attention, soit d'expérience. Ces inconvénients sont réels, si l'on songe surtout à l'ignorance trop commune des gens de service appelés le plus souvent à manier l'instrument de M. Vigier. Les lanternes à double courant de cet exposant sont, au contraire, un vrai produit industriel d'une utilité incontestable, et ont contribué plus que son cylindre à lui faire obtenir une médaille de bronze.

Le porte-bouteilles-égouttoir inventé par M. Doumaux est d'une simplicité merveilleuse. Il est appelé à rendre de grands services, grâce surtout à sa légèreté et à la facilité avec laquelle on peut le transporter d'un lieu à un autre. Une serrure et sa clef, exposées également par M. Doumaux, prouvent qu'il est aussi habile ouvrier qu'ingénieux inventeur. Aussi le jury a-t-il été unanime à lui décerner une médaille de bronze.

Un fourneau de cuisine et un poêle-calorifère pour salle à manger, ouvrages de M. Rivet jeune, sont des produits remarquables par le fini du travail et la parfaite disposition des diverses parties qui les composent. Mais l'œuvre la plus importante de cette exposition est un calorifère à flamme renversée. Dans un espace relativement très-restreint, M. Rivet accumule vingt-trois mètres de tuyaux destinés à contenir de l'air chaud ; et, en répartissant à l'aide d'un système de distribution ingénieux cet air chaud dans d'autres tuyaux de conduite, il parvient à réchauffer à peu de frais un appartement complet de sept ou huit pièces. La bonne exécution de cet appareil, son but éminemment utile et économique, ont valu à M. Rivet une médaille de bronze.

M. Arizzoli a obtenu une mention honorable pour un grand et confortable fourneau de cuisine d'un travail consciencieux.

BRONZES D'ART. — ORFÈVRERIE.

L'industrie des bronzes et des zincs artistiques était magnifiquement représentée à notre exposition. L'exhibition hors concours de M. Bonnière nous offrait des modèles d'un goût rare et d'une remarquable exécution. Les pendules de MM. Barrier et Forestier présentaient également des sujets d'un choix heureux et d'une élégante simplicité. Mais l'exposition des zincs artistiques que nous avait envoyés notre compatriote, M. Boy, attirait surtout les regards. Quelques considérations générales sur cette industrie, créée il y a vingt ans à peine, et dont les développements ont été si rapides, ne nous paraissent pas déplacées même au cours de ce rapport officiel. Le bronze, tout le monde le sait, ne peut se fondre que dans le sable. Aussi le modèle le mieux réussi sort-il toujours du moule avec des gravelures, que l'outil du ciseleur est chargé de faire disparaître. Cette retouche indispensable nécessite des ouvriers habiles, qui sont pour la plupart de véritables artistes; et si elle ne peut s'opérer qu'au détriment de l'exactitude de l'œuvre, c'est elle qui lui imprime son cachet; c'est à elle que le bronze doit surtout son effet artistique. Le zinc, au contraire, coulé dans un métal moins fusible que lui, se refroidit sans y adhérer, et en conserve mathématiquement l'empreinte; de telle sorte qu'avec un creux bien exact de l'œuvre d'art qu'on veut reproduire, on est sûr d'obtenir une copie parfaitement identique. Cette différence capitale explique toutes les nuances qui distinguent le bronze, objet d'art, du zinc, produit d'une industrie artistique : à l'un la force, le relief, la vie; à l'autre la souplesse, mais aussi la mollesse des contours; l'absence du souffle créateur, mais aussi l'imitation parfaite. Pour l'artiste, le zinc ne sera jamais le bronze; pour l'industriel, bien des considérations puissantes justifient l'extension inouïe que prend l'industrie naissante des zincs artistiques. Grace à elle, la jouissance des œuvres d'art, dont le goût gagne peu à peu toutes les classes de la société, a cessé d'être l'apanage exclusif de quelques individus privilégiés, et a été permise aux fortunes modestes. Grâce à elle, vingt mille ouvriers ciseleurs, fondeurs ou autres, gagnent des salaires élevés, tout en s'initiant à la vie artistique, là où cinq cents d'entre eux avaient peine à trouver autrefois quelques rares journées d'un travail rémunérateur. Aussi, croyons-nous pouvoir le dire hautement, c'est là une grande et belle industrie que M. Boy, qui a tant fait pour en assurer le succès, représentait dignement parmi nous. Né à Bord, dans le canton de Saint-Germain-Lembron, M. Boy était appelé à concourir, et nous avons dû étudier les modèles qu'il avait soumis à nos appréciations. Nous n'en ferons pas le détail. Tout le monde se rappelle ces deux grands soldats, l'un franc, l'autre saxon, œuvres hors ligne, pleines de puissance et d'originalité; et don Quichotte, et Méphistophélès, si parfaits tous les deux d'expression vraie et de fini artistique; et ces deux Chinois porte-lampes, si jolis de vérité; et les charmantes statuettes de don Juan et de don César de Bazan; et les nombreux grotesques empruntés à la cour des miracles de Callot et si admirablement réussis. C'était là une exhibition hors ligne, appelant une récompense de l'ordre le plus élevé. A ce compatriote, jadis simple ouvrier, aujourd'hui industriel éminent, à ce digne fils de l'Auvergne qui n'a pas oublié son pays natal, qui a tant fait pour la beauté de notre exposition, nous avons été heureux de décerner une médaille d'or.

M. Carlod a en quelque sorte créé parmi nous une industrie remarquable à plus d'un titre, et dont l'importance s'accroît tous les jours. Ouvrier intelligent et habile, il dore et argente par les procédés galvanoplastiques, restaure même avec un goût parfait les bronzes précieux qu'il n'a pas produits lui-même. Il dirige en outre un atelier important, où se fabrique sur une grande échelle l'orfèvrerie d'église, lustres, châsses, burettes, etc. La plupart des modèles exécutés par M. Carlod ont été créés par lui, et sont tous d'un très-bon style. L'extension que prend cette industrie sous l'habile direction que lui imprime M. Carlod, a valu à cet exposant une médaille d'argent.

M. Béroubard, qui marche à grands pas dans la même voie, a obtenu une médaille de bronze pour sa belle exposition de lustres et de candélabres.

Le goût artistique qui préside au choix des modèles de la maison Christofle est connu de tous, et nous croyons inutile d'insister sur la transformation opérée dans l'orfèvrerie par la précieuse découverte qu'elle exploite avec tant de succès; remercions seulement ses représentants, MM. Péret et Bonnière, de la splendide exhibition qu'ils ont organisée, et qui peut réclamer une large part dans l'aspect grandiose que présentait notre belle salle de l'industrie.

Les expositions hors concours de MM. Péret frères et de M. Bonnet nous offraient des articles de bijouterie remarquables : la vitrine de MM. Péret renfermait tout ce qu'en fait de bijoux montés, soit en diamants, soit en coraux, soit en toute autre pierre précieuse, on peut imaginer de plus riche et de plus délicat; celle de M. Bonnet, de charmants spécimens des bijoux artistiques de la maison Coffignon, les deux coupes supportées par des chimères, le bénitier et le christ en argent bruni, produits de cette maison, sont des objets d'art du plus beau style.

Quant aux bijoux fabriqués par ces exposants eux-mêmes, et pouvant, à ce titre, participer aux récompenses, ils méritent une attention toute spéciale. Il est difficile d'établir une différence quelconque entre les montures des artistes parisiens exposées hors concours par MM. Péret, et celles qu'ils ont exécutées eux-mêmes. Comme sûreté de goût, comme finesse de détail, elles ne laissent rien à désirer, et MM. Péret peuvent marcher de pair avec les bijoutiers de Paris les plus en renom. Leur fabrication de bijoux ordinaires, anneaux, broches, bracelets, etc., se recommande par de charmants modèles, et paraît atteindre de grandes proportions. Heureux de voir prospérer parmi nous cette industrie importante et si habilement dirigée, nous nous sommes fait un devoir d'en témoigner à MM. Péret toute notre satisfaction, en leur accordant une médaille d'argent.

M. Bonnet a créé, il y a quelques années, une spécialité de fabrication particulière à notre ville : c'est celle des émaux d'Auvergne, charmants bijoux pleins d'originalité et de coquetterie. Ceux que nous avons examinés nous ont paru présenter des dessins d'un bon goût exquis, et des couleurs se mariant avec une harmonie parfaite. Livrés au commerce de détail à des prix peu élevés, que la manière dont ils sont sertis rend cependant rémunérateurs, les émaux fabriqués chez M. Bonnet commencent à être connus même à l'étranger, et amèneront avec le temps un mouvement de fonds considérable. Créateur de cette industrie, que tout annonce devoir devenir très-prospère, M. Bonnet nous a semblé mériter une récompense élevée, et nous lui avons décerné une médaille d'argent.

M. Collange-Thomas avait exposé des cadres de broches à portrait d'une grande simplicité, qu'il vend à des prix avantageux. Il a obtenu une mention honorable.

VERRERIE. — POTERIE. — FAÏENCE.

L'énorme quantité de combustible que nécessite la fusion des matières premières employées à la fabrication du verre, rend l'établissement de verreries importantes à peu près impossible partout ailleurs qu'au centre même des exploitations houillères. Trois exposants nous avaient envoyé, l'un du bassin de Brassac, les deux autres de Rive-de-Gier et de Saint-Etienne, des produits rares dans les expositions provinciales.

Les verreries de Notre-Dame-du-Port et de Mège-Coste, habilement dirigées par leur propriétaire, M. Casati, soumettaient à notre appréciation une grande quantité de verres à vitres d'une limpidité parfaite. Mais la spécialité de ce grand établissement industriel est la fabrication de la verrerie à bouteilles. M. Casati a su rendre ses produits de ce genre supérieurs à ceux de ses rivaux par l'emploi de la domite, qui lui assure une économie spéciale dans le prix de revient, et qui donne au verre certaines qualités particulières. La domite que l'on extrait de la carrière de Puy-Chaudron, est une roche de composition homogène et ayant éprouvé une sorte de demi-fusion naturelle. Elle contient une quantité notable d'alcalis, de la potasse surtout, et son emploi dans la fabrication permet de diminuer les sels alcalins que l'on est obligé d'introduire dans le mélange, et qui sont la matière première la plus coûteuse. Elle a en outre pour effet de communiquer au verre une grande résistance, et de diminuer, par conséquent, la casse et le déchet. Aussi toutes nos grandes administrations thermales, Vichy, le Mont-Dore, Châtelguyon, etc., se fournissent-elles exclusivement à Mège-Coste. Remarqué déjà pour la beauté de ses produits houillers, M. Casati méritait une récompense hors ligne, que nous avons été heureux de lui accorder en lui décernant une médaille d'or.

La réputation des verreries de la Ricamarie n'est plus à faire, et la renommée dont elles jouissent était parfaitement justifiée par les grands flacons, l'immense alambic et les flacons pour eaux gazeuses qu'elles nous avaient envoyés. MM. Brulé et Cie, directeurs de cette vaste usine, ont concentré tous leurs efforts sur la fabrication des objets spécialement destinés aux pharmacies, et ils ont obtenu des résultats des plus satisfaisants, que le jury a jugés dignes d'une médaille d'argent.

M. Raab, de Rive-de-Gier, représenté par MM. Chesneau et Ansaldi, s'occupe presque exclusivement de la fabrication des bouteilles en verres de diverses couleurs. Nous lui avons décerné une médaille de bronze.

L'industrie de la verrerie et des cristaux compte également de nombreuses et remarquables expositions hors concours. Les verres mousseline et coloriés exposés par MM. Chesneau et Ansaldi sont d'une grande finesse d'ornementation et produisent un charmant effet aux croisées de la salle Campana et de la travée qui précède. L'exhibition de verres peints, gravés et mousseline, que MM. Zani père et fils ont placée à l'annexe, mérite également de grands éloges. Enfin tout le monde a admiré avec raison les riches cristaux que M. Milliroux a placés dans une des installations de M. Camus-Colin, et qui contribuaient si puissamment à l'embellir.

Une foule de délicieux petits objets en porcelaine ou en biscuit, entre autres des fleurs à sujets microscopiques, avaient été exposés (hors concours) par Mme Barès, et faisaient honneur à la pureté de son goût.

Les porcelaines de Sarreguemines ont une réputation européenne. L'exposition complète qu'en avaient faite MM. Chesneau et Ansaldi, tant à la grande salle de l'industrie qu'à l'annexe, a été remarquée par tous les visiteurs.

Notre industrie locale ne compte pas un seul fabricant de porcelaine. M. Lacollonge fabrique en revanche de la faïence usuelle, des pots à fleurs, et des auges pour la pisciculture, qui lui ont valu une médaille de bronze.

M. Tessier exposait de la poterie commune et à très-bon marché; il avait complété son exhibition par une série de vases en terre de Billom, dont les formes étrusques sont de bonnes imitations des anciens modèles. Cette industrie vivace, qui mérite bien son nom de poterie artistique, a été récompensée par une médaille de bronze.

Deux mentions honorables ont été accordées : l'une à M. Granet, dont les produits ont paru au jury très-satisfaisants; l'autre à M. Pomel, pour ses fûts à vinaigre et ses amphores poreuses, où l'eau conserve pendant plusieurs heures toute sa fraîcheur primitive.

ART DES CONSTRUCTIONS ET INDUSTRIES S'Y RATTACHANT.

L'art des constructions et les industries qui s'y rattachent ne nous fournissent qu'un petit nombre d'exposants; mais deux d'entre eux ont présenté au jury des produits remarquables.

Les asphaltes de M. Bourgoignon sont connus de tout le monde, et dernièrement encore cet intelligent industriel, que nous sommes fiers de compter parmi nos concitoyens, obtenait au concours régional une récompense bien méritée. Primé d'une médaille d'argent pour les applications heureuses qu'il a faites du bitume aux constructions essentiellement agricoles, M. Bourgoignon a réalisé, dans le domaine de l'industrie, des améliorations de même nature. La sous-commission chargée d'examiner ses produits, les avait jugés dignes de la proposition d'une médaille d'argent. Le jury n'a pas pensé que, à un mois de distance, dans la même ville, pour des produits identiques et dont les applications seules diffèrent, il fût possible de décerner au même exposant deux récompenses analogues. Il a décidé en principe qu'il y avait lieu de rappeler seulement la première distinction obtenue : c'est ce que nous faisons de grand cœur. Interprète officiel des sentiments du jury, nous devons, en outre, constater toute la satisfaction qu'il a ressentie de l'exposition de M. Bourgoignon.

M. Goutay exposait de la chaux qu'il fabrique à Joze, et

qui jouit de propriétés incontestables. Eminemment hydraulique, cette chaux rend les plus grands services partout où l'on a besoin d'une prise rapide et d'une grande résistance. Aussi, après des expériences nombreuses et une analyse minutieuse faite par les soins du directeur de l'Ecole des ponts et chaussées, a-t-on jugé utile d'en recommander l'emploi pour les travaux d'art ou les ponts construits sur les lignes de chemins de fer qui nous entourent. Le ciment exposé par M. Goutay, et qu'il fabrique depuis 1859 seulement, est également de première qualité. Il nous en a soumis deux briques, qui, après avoir été immergées pendant deux ans dans un bain de quarante millièmes de magnésie, paraissent n'avoir subi aucune altération. Cette propriété est précieuse, car elle prouverait que le ciment de M. Goutay est capable de résister à l'action dissolvante des eaux de la mer, qualité que possèdent peu de produits semblables. L'exploitation sérieuse, bien ordonnée, que dirige M. Goutay, nous a paru mériter une récompense élevée, et le jury lui a décerné une médaille d'argent.

Les tuiles fabriquées à Roanne chez MM. Pizet et Dumont, et dont MM. Charbonnier, Vaudable et Adrien Maison, sont les dépositaires dans notre ville, sont d'une pâte fine parfaitement broyée, et leur cuisson ne laisse rien à désirer. Le prix en est un peu supérieur à celui des tuiles creuses généralement en usage en Auvergne. Toutefois la différence, qui s'élève à 50 centimes par mètre courant, peut être regagnée sur le prix des bois, que leur usage nécessite moins forts. La bonne qualité de ce produit, sur laquelle tout le monde est d'accord, a valu à MM. Pizet et Dumont une médaille de bronze.

Une distinction semblable a été accordée à M. Favard, dont les bois découpés rendent, pour la décoration des chalets et autres constructions légères, une foule d'utiles services.

Des tuiles plates, fabriquées près de Pionsat par M. Baynard, sont de bonne qualité, quoique le grain en soit un peu gros. Elles ont été mentionnées honorablement.

Il en a été de même de divers modèles de couvertures en ardoise exposés par M. Maisonneuve, et qui annoncent une habileté peu commune. Pour le même motif, le système de toitures en zinc exposé par M. Peigue, a obtenu la même récompense.

Les modèles de peinture décorative exposés par MM. Pianella et Silvant sont parfaitement réussis, et ont valu à chacun de ces exposants une mention honorable.

Disons enfin un mot des papiers peints exposés hors concours par MM^mes Dubroc et Rogron, ainsi que des cartons-pâte de M. Dubroc-Barnicaud, dont l'usage tend à se généraliser de plus en plus.

AMEUBLEMENT. — DÉCORATION.

Si nos anciennes provinces n'existent plus aujourd'hui que de nom, notre ville n'en est pas moins restée le centre industriel où s'approvisionnent ordinairement les trois ou quatre départements formés des débris de la vieille Auvergne. Il est surtout une spécialité que nous avons soigneusement conservée : c'est celle des ameublements. Quoique dix heures à peine nous séparent de Paris, bien peu de nos compatriotes songent à aller eux-mêmes y choisir leurs meubles, car l'on trouve à Clermont, sans se déplacer, presque au même prix, les produits parisiens les plus frais, les plus nouveaux, sans cesse écoulés, sans cesse remplacés. Il y avait donc là au milieu de nous un commerce important, et dont les affaires s'élèvent à un chiffre considérable. Y avait-il une industrie proprement dite? Oui également. Les sculpteurs sur bois et les ébénistes sont plus nombreux à Clermont que dans toute autre ville de province du même ordre. Plusieurs d'entre eux travaillent fréquemment sur commande pour nos tapissiers marchands de meubles, et leur fournissent en outre tous les bois de canapés ou de fauteuils dont ils peuvent avoir besoin. Aussi presque tout ce qui se vend ici en fait de siéges, étant à la fois sculpté et garni à Clermont, peut-il être revendiqué à bon droit par notre industrie locale, et en particulier par l'industrie tapissière. A ce point de vue, nos importantes maisons d'ameublement pouvaient donc s'associer à la grande manifestation que nous préparions et en briguer les honneurs. Une idée ingénieuse vint rendre leur tâche plus brillante. Les organisateurs de notre Exposition, pensant avec raison que sous l'enveloppe du marchand ou du fabricant de meubles devait se trouver avant tout l'artiste, disposant ses tentures avec plus ou moins de grâce, garnissant un lit avec un goût plus ou moins épuré, combinant en un mot, bien ou mal, tous les détails d'un ameublement, virent d'un coup d'œil que c'était là l'élément essentiel de la profession du tapissier, et que cet élément constituait une qualité susceptible d'appréciation pouvant servir à juger et à classer le mérite de chacun, tout en contribuant singulièrement à la beauté de notre mise en scène. Cette idée fut adoptée avec empressement. Notre vaste salle des pas perdus est divisée en compartiments que chacun s'empresse de transformer en salon, en salle à manger ou en chambre à coucher, et cinq belles installations semblent tenir avec peine dans une pièce immense, qu'un nombre dix fois plus considérable de meubles placés les uns à côté des autres aurait laissée vide et dégarnie. L'appréciation de ces installations a été longue et difficile, et pour quatre d'entre elles un classement quelconque par ordre de mérite a paru impossible.

M. Achille Wolfowicz a orné une chambre à coucher d'un goût simple et sévère, où la couleur amarante se marie au noir d'une manière heureuse. Les grandes lignes de ses rideaux, sobres de coupe, riches d'ampleur, ne manquent pas de majesté. La courtine du lit est un chef-d'œuvre de goût. Le lit lui-même, en palissandre sculpté, se détache vigoureusement de la position élevée où il est placé, et sans une torsade ronde qui jure un peu avec le mouvement général de la draperie il n'y aurait rien à reprendre dans cette installation.

La chambre à coucher créée par MM. Arnaud et Bauer, est d'un goût tout différent. Nous sommes dans un charmant boudoir, tout tendu de toile perse, y compris le plafond; un lit-duchesse capitonné s'avance au milieu de l'appartement, garni de meubles en bois de rose; les rideaux en sont bien chiffonnés et pendent avec grâce; de riches tapis couvrent le sol ; et cependant il y a lieu de regretter les transparents roses qui garnissent la fenêtre et qui jettent un reflet malheureux sur toutes ces belles choses.

Moins bien servi par la place qui lui avait été attribuée, M. Joux a su néanmoins tirer un bon parti des éléments qu'il avait à sa disposition. Une alcôve correctement tracée, garnie d'un lit capitonné d'une simplicité sans afféterie, occupe le fond d'une chambre dont tous les meubles présentent un grand cachet. L'étoffe des rideaux est sans contredit la mieux choisie que nous ayons à notre exposition, et l'agencement en est riche et élégant. Des tapis français et anglais d'un goût parfait, complètent la décoration de cette pièce; un prie-Dieu est loin de se trouver déplacé. Malheureusement, le peu de hauteur de l'alcôve, et une glace placée à tort à l'intérieur de ce lit sévère, nuisent un peu à l'œuvre entreprise.

Le salon et la salle à manger confiés au soin de M. Camus-Colin renferment également de très-bonnes choses : ainsi le capitonnage du salon est bien réussi, les meubles de Boule, le canapé et les fauteuils de palissandre garnis en damas de soie sont d'un bon style. Dans la salle à manger, une belle portière, chêne et acier, des meubles en chêne sculpté, d'une harmonie parfaite, sont disposés avec un goût irréprochable. A cette installation, possible partout, possible pour tout le monde, on ne peut faire qu'un reproche : c'est que l'on n'y sent pas assez la part d'initiative individuelle de M. Camus-Collin.

Il a paru impossible au jury de faire un choix entre ces quatre installations, qui présentent toutes des qualités hors ligne, que quelques légères imperfections viennent déparer. Nous les avons donc mises sur la même ligne en donnant à MM. Wolfowicz, Camus-Colin, Joux, Arnaud et Bauër quatre médailles d'argent.

Quant à M. Gominon, il n'a fait, à proprement parler, qu'une simple exhibition de meubles. Quelques panneaux de plafond, quelques fauteuils d'une bonne exécution, des rideaux bien drapés, sont les seules œuvres personnelles qu'il puisse revendiquer au milieu de cette foule de meubles groupés avec art, et qui révèlent toute l'importance commerciale de sa maison. Une médaille de bronze lui a été décernée.

Un mot enfin sur M. Imbert, dont l'exposition hors concours ornait si bien l'extrémité orientale du cloître sud de notre hôtel-de-ville.

MIROITIERS. — DOREURS.

De tous les visiteurs de notre exposition il n'en est pas un seul qui ne se soit arrêté avec plaisir devant les deux splendides exhibitions de glaces et de dorures faites par M. David. On y trouvait, réunis et soigneusement abrités sous les grands plis de deux rideaux majestueusement drapés, la glace de Venise aux reflets étincelants, la console dorée Louis XIV, et le cadre Louis XV aux élégants contours. Tous ces objets dénotent un goût parfait. M. David est à la fois un artiste distingué qui moule lui-même presque tous ses modèles, un miroitier hors ligne et un doreur habile. La richesse de son exposition, les services qu'il rend à notre ville en y répandant le goût de l'art vrai, et en nous affranchissant, dans la spécialité qu'il s'est choisie, du monopole parisien, le désignaient au choix du Jury pour une récompense élevée. Une des médailles d'argent que M. le Ministre de l'agriculture, du commerce et des travaux publics avait bien voulu mettre à notre disposition, lui a été dévolue.

M. Chavarot est comme doreur d'une habileté remarquable. Une console et des cadres de divers modèles que nous avons eu à examiner, ont complètement satisfait le Jury, qui a décerné à cet exposant une médaille de bronze.

SCULPTEURS SUR BOIS. — MENUISIERS. — ÉBÉNISTES.

A côté des meubles de luxe, produits de l'industrie parisienne, que nos tapissiers avaient répandus à profusion dans leurs installations, il pouvait sembler difficile à notre industrie locale de rivaliser de goût et d'élégance. Cette terrible concurrence n'a effrayé toutefois ni nos sculpteurs ni nos ébénistes; et, nous sommes heureux de le constater, leur succès a été complet. L'attention du Jury était fixée à chaque pas par des œuvres remarquables, témoignant à la fois d'une grande dextérité de main et d'un sentiment vrai du beau, du fini, si je puis m'exprimer ainsi. Parmi les représentants de cette double industrie, l'ébénisterie et la sculpture sur bois, dont l'union redevient, heureusement pour l'art, chaque jour plus intime, deux exposants, M. Dejou et M. Lassaigne-Fabre, nous ont paru l'emporter sur leurs rivaux tant par l'importance de leurs produits que par l'habileté de leur exécution.

M. Dejou est avant tout sculpteur. Quatre bois de chaises en chêne sculpté pour salle à manger, cotés à des prix relativement peu élevés, dénotent une main ferme, sûre d'elle-même et abordant en se jouant les difficultés habituelles de son art. Un prie-Dieu également en chêne sculpté, moins bien réussi que les chaises, ne manque pas cependant d'un certain mérite; mais l'œuvre capitale de M. Dejou est un buffet de salle à manger de grandes dimensions avec dressoir. Si la forme de ce meuble laisse quelque chose à désirer, s'il manque un peu de légèreté dans l'ensemble, les bas reliefs et les attributs qui le décorent sont profondément fouillés, et le panneau du milieu, représentant une chasse au sanglier, est réellement remarquable. La tête de chien qui sert de fronton, est également d'un fini parfait; somme toute, c'est là une bonne et belle exposition, à laquelle le Jury a été heureux de décerner une médaille d'argent.

Au contraire de M. Dejou, M. Lassaigne-Fabre est surtout ébéniste. Une table ronde à rallonges pour salle à manger, incrustée de marbres précieux, et fabriquée dans des conditions de luxe et de bon goût qu'il serait difficile de dépasser; un buffet de forme élégante, d'une grande sobriété, mais en même temps d'une exquise distinction dans l'ornementation extérieure; un vieux meuble Louis XV artistement restauré : tels sont les principaux ouvrages, remarqués par le Jury, et qui ont également valu à M. Lassaigne-Fabre une médaille d'argent.

En outre de ces deux récompenses, exceptionnelles pour la classe à laquelle elles s'appliquent, sept médailles de bronze ont été distribuées aux ébénistes et aux sculpteurs les plus méritants.

M. Joseph Manaranche, pour sa belle exposition de bois de fauteuils et de consoles sculptés spécialement en vue de la dorure, a été jugé digne d'obtenir une des médailles de bronze du Ministère de l'agriculture, du commerce et des travaux publics.

Après lui M. Domas, pour une cheminée en chêne, dont les sculptures correctement dessinées décèlent une rare vigueur d'exécution; M. Jeuf, pour ses chaires et son lutrin; M. Cambefort pour un lit en noyer dont la forme, peut-être un peu massive, ne manque pas cependant d'une certaine élégance et dont la menuiserie est aussi soignée que possible; M. Souliac, pour ses beaux spécimens de placage; M. Barre, pour une commode-bureau, dont tous les détails offrent l'exemple d'un travail consciencieux, et dont la serrure est un chef-d'œuvre de mécanisme ingénieux et utile, ont obtenu chacun une médaille de bronze.

Il en a été de même de M. Montel, auteur d'un groupe (la belette et l'oiseau) et de fleurs sculptées qui ont été justement admirés par tous les artistes. Cette décision du Jury mérite quelques explications. De tous les sculpteurs que possède notre exposition, M. Montel est sans contredit le plus habile. Il comprend toutes les beautés, toutes les finesses de son art, et la souplesse de sa main lui en fait aisément surmonter toutes les difficultés; toutefois, la même observation peut s'appliquer à M. Breymand, dont les produits dénotent un talent et une sûreté de main hors ligne. Jury industriel, nous devions avant tout nous préoccuper de l'utilité réelle que présentaient les objets soumis à notre appréciation, et, dans les circonstances où nous nous trouvions placés, une médaille de bronze nous a paru témoigner suffisamment de notre satisfaction pour le travail de M. Montel, travail que l'industrie ne saurait revendiquer que pour une faible part.

De nombreuses mentions honorables ont été accordées à cette industrie, qui, tant à l'hôtel-de-ville qu'à l'annexe, ne compte pas moins de 45 exposants. Un coffret sculpté de M. Deparrain; un dessus de cheminée complet, pendule, candélabres et coupes en bois de chêne de M. Cohadon; un canapé et six bois de fauteuils de M. Bourbon; une armoire à glace de M. Boeser, meuble remarquable par le fini du travail, mais surmonté d'un fronton de goût douteux; un bel échantillon de parquet de M. David; plusieurs charmants petits modèles de menuiserie de MM. Jean et François Manaranche, ont valu à leurs auteurs des diplômes de mentions honorables.

M. l'abbé Dauzat, qui a sculpté lui-même un confessionnal justement remarqué, mérite par sa patience et son aptitude réelle une récompense semblable. Nous regrettons vivement que nos devoirs comme jurés industriels ne nous aient pas permis d'accorder à cette œuvre importante une distinction plus élevée. Les mêmes motifs ont également déterminé le Jury à donner seulement une mention honorable à un habile ouvrier, M. Tixier.

Un lit en chêne déjà primé dans plusieurs expositions antérieures et une table en marqueterie d'un beau travail exposés par M. Quinsat, ont attiré d'une manière toute spéciale l'attention du jury. Prenant en considération les récompenses déjà obtenues par le meuble le plus important de cette exposition, nous avons décidé qu'une mention honorable serait accordée à la table de marqueterie seulement.

Enfin MM. de Riberolles et Clair, MM. Charbonnier, Vaudable et Adrien Maison, les uns avec leurs bois sciés et ouvrés, les autres avec leurs parquets qu'une même machine raine, varlope et assemble, ont importé dant notre pays deux industries sérieuses et capables de rendre d'importants services. Le Jury a cru devoir les mentionner honorablement, tout en manifestant l'espoir que MM. de Riberolles et Clair pourront, sans hausser leurs prix vraiment avantageux, parvenir à mettre un peu plus de goût dans la forme et la décoration de leurs caisses de pendules.

Pour en terminer avec cette classe si intéressante de notre exposition, il est indispensable de dire quelques mots d'un buffet d'orgues miniature exécuté par M. Fischer. Ce travail est un vrai prodige de patience et d'adresse, et nous sommes heureux de dire à cet exposant que l'inutilité absolue de son œuvre au point de vue industriel l'a seule exclu de la liste des récompenses.

SCULPTEURS SUR PIERRE. — MARBRIERS.

Les carrières de pierre de taille sont nombreuses en Auvergne, et les produits de Volvic jouissent au milieu de nous, et dans les départements limitrophes, d'une grande et légitime renommée; toutefois la sculpture sur pierre d'Auvergne, appliquée à l'industrie, ne compte à notre exhibition aucun représentant sérieux.

C'est au dehors que les quelques exposants de cette classe sont allés chercher leur matière première, et la pierre d'Apremont a été la plus généralement employée.

M. Montbure a sculpté deux autels d'église, qui se recommandaient au Jury par une exécution assez habile, mais dont l'architecture, surtout pour l'autel roman, manque à la fois et de grandeur et de légèreté. Sauf cette critique, dont M. Montbure saura profiter à l'avenir, l'œuvre importante de cet industriel mérite des éloges et lui a valu une médaille de bronze.

M. Coulon, pour une colonne et quelques balustres, d'une grande simplicité, mais d'un bon style, a obtenu une mention honorable. Un monument funèbre de M. Peyrier a valu à cet exposant la même distinction.

Les sculpteurs sur marbre sont plus nombreux et généralement assez habiles, quoique leur goût soit loin d'être toujours très-épuré Ainsi les cariatides ou les bas-reliefs exposés par quelques-uns d'entre eux laissent bien à désirer.

Ne forcez point votre talent,
Vous ne feriez rien avec grâce,

a dit, il y a deux siècles, notre bon, j'ajouterai volontiers notre grand La Fontaine. Et cette sage règle de conduite aurait, si elle en avait eu besoin, reçu une nouvelle consécration, par l'exemple d'ouvriers réellement habiles qui d'un morceau de marbre brut savent tirer une délicieuse cheminée et qui se sont évertués à produire à grand'peine, à notre exhibition, des objets sans utilité au point de vue de l'industrie, sans valeur au point de vue de l'art. Cette critique nous a paru nécessaire, car le fait que nous signalons ici n'est pas un fait isolé, et sa généralisation pourrait avoir pour l'art et pour l'industrie les plus déplorables conséquences. Quoi qu'il en soit, hâtons-nous de dire à MM. les sculpteurs sur marbre que, s'ils sont insuffisants comme artistes produisant exclusivement des œuvres artistiques, ils ont au contraire parfaitement réussi dans l'application de leur talent aux œuvres industrielles ; les deux cheminées exposées par M. Brionnet sont d'un goût parfait; la simplicité sévère de l'une, la richesse élégante de l'autre, ont rallié tous les suffrages, et une médaille de bronze a été accordée à cet exposant.

Une cheminée en marbre blanc sculptée par M. Darbas a été jugée digne d'une mention honorable. L'importante exposition faite par M. Barthélemy lui a valu la même distinction.

Une industrie représentée à notre exposition par M. Jabert, et qui ne compte dans notre pays que quelques années d'existence, a été de la part du Jury l'objet d'un examen tout spécial : c'est celle des marbres artificiels. La production de l'utile, voire même du beau à bon marché, tel est le problème dont tout industriel doit se poser la solution comme but à atteindre, et que M. Jabert a résolu d'une manière aussi satisfaisante que possible. La coloration de ses marbres artificiels est admirablement réussie, et l'œil le plus exercé ne saurait faire la moindre différence entre un dessus de commode en vrai marbre et celui qui a été soumis à notre appréciation. Les cheminées de M. Jabert sont également d'un bon style et d'une imitation parfaite. Le prix avantageux des produits de cette industrie, l'habileté hors ligne de M. Jabert, le bon goût de ses modèles, ont décidé le Jury à accorder à cet exposant une récompense d'un ordre élevé, et une médaille d'argent lui a été décernée. Puisse ce témoignage de notre satisfaction donner un plus grand essor à cette industrie éminemment utile !

TOURNEURS.

L'industrie des tourneurs compte un petit nombre d'exposants; mais les produits en sont remarquables. M. Auriger a exposé plusieurs objets délicatement travaillés, souvent irréprochables, et dont les prix sont en général inférieurs à ceux des ateliers parisiens. L'exhibition de M. Auriger a révélé au jury l'existence d'une industrie de quelque importance, qu'il a tenu à encourager par une médaille de bronze.

M. Bessard-Huguet a résolu à son avantage une des difficultés du tour. Ses cadres ovales à gorges superposées sont d'une forme gracieuse, et les détails en sont traités avec le plus grand soin. Plusieurs petites colonnes torses d'une légèreté remarquable, exécutées par M. Guilhot, dénotent une main agile initiée à tous les secrets de l'art si complexe du tourneur. Aussi deux mentions honorables ont-elles été décernées à MM. Bessard-Huguet et Guilhot.

CAISSES. — MALLES. — ARTICLES DE VOYAGE.

L'amélioration sans cesse croissante des voies de communication, la création des chemins de fer et la transformation qui en a été la suite, ont, depuis quelques années, donné naissance à une industrie presque nouvelle. L'élégant sac de voyage d'aujourd'hui ne ressemble guère au porte-manteau que nos pères attachaient tant bien que mal sur la croupe de leur cheval. Ces longs squelettes de bois précieusement couverts d'une peau que le tanneur avait respectée, pompeusement décorés du nom de malles, et que nous nous rappelons tous, ont fui devant la vapeur; ils ont cédé la place à des meubles mille fois plus beaux, mille fois plus confortables; et le nombre des voyageurs ayant augmenté dans d'énormes proportions, l'industrie des articles de voyage a pris à son tour une grande extension. Les produits de cette nature étaient, à notre exposition, dignes d'une sérieuse attention.

L'industrie parisienne n'offre rien de plus joli, de plus soigné que les objets exposés par MM. Dalemas père et fils: solidité, élégance, bon marché, tout se trouve réuni dans les nombreux produits de cette maison, que le Jury a eu à examiner et auxquels il a accordé une médaille de bronze.

L'exposition de M. Démartin ne le cède guère à la précédente pour la bonne exécution des articles, et se recommande en outre par une grande et belle caisse de voyage pour dame, d'un système ingénieux. Dans sa partie supérieure, cette malle renferme un compartiment pour les chapeaux; dans sa partie inférieure, elle s'ouvre comme un bahut; à l'aide de cette disposition, on n'a qu'à tirer à soi et remettre en place les châssis superposés qui la composent, comme on le ferait des tiroirs d'une commode ordinaire. Une médaille de bronze a été décernée à M. Démartin.

Une mention honorable a été le lot de M. Salzac-Lhéritier, dont le travail consciencieux méritait à la fois un encouragement et une récompense. La femme de cet exposant est parvenue, en faisant tisser du poil de chèvre, à faire des limousines imperméables et d'une très-grande finesse. Nous mentionnons avec satisfaction cette innovation hors concours.

M. Lachenaud fabrique à des prix excessivement bas les caisses en bois blanc que nos confiseurs emploient pour l'exportation de leurs produits; il a reçu également une mention honorable.

On ne saurait, enfin, terminer cette partie du rapport, sans donner à l'exposition (hors concours) de M. Cromarias les éloges qu'elle mérite à tous les points de vue.

TONNELLERIE.

Dans notre département, où la culture de la vigne prend chaque jour des développements plus considérables, l'industrie des fûts vinaires occupe nécessairement un grand nombre de bras. Aussi avons-nous vu avec peine que quelques tonneliers seulement avaient jugé à propos d'exposer, et encore se bornent-ils pour la plupart à des spécimens trop réduits de leurs ouvrages ordinaires.

L'exposant de cette industrie qui a semblé au jury mériter la récompense de l'ordre le plus élevé, est M. Brun-Montel. Ses tonneaux sont admirablement jointés, les douves en sont assemblées avec le plus grand soin, et les cercles semblent faire corps avec la pièce elle-même. Tout le monde connaît en outre la difficulté extrême qu'on éprouve à dépoter sans les blesser les arbustes de grande dimension. Par un système des plus simples, qui jusqu'ici n'avait reçu d'application que pour les caisses carrées, en construisant une sorte de cuvette à douves articulées, M. Brun-Montel obvie parfaitement à l'inconvénient que nous venons de signaler. Cette innovation, heureuse pour l'horticulture, a décidé le jury à accorder à l'exposant une médaille de bronze.

M. Monestier a soumis à notre appréciation plusieurs tonneaux bien réussis, destinés surtout aux confiseurs, nécessitant par cela même une perfection moins grande, mais se vendant à des prix exceptionels; une mention honorable lui a été décernée.

Un petit tonneau cerclé en fer, exposé par M. Beauger, a paru ne rien laisser à désirer, et le jury, malgré le peu d'importance de cette exposition, composée d'un modèle unique, lui a accordé une mention honorable.

SELLERIE. — CARROSSERIE.

La sellerie et la carrosserie de Clermont ont été justement appréciées de tout temps; des maisons importantes et jouissant au milieu de nous d'une considération légitime, doivent à cette industrie leur notoriété et leur fortune, et cependant un bien petit nombre de produits de ce genre ornaient notre exposition.

MM. Lhéritier frères, que l'on trouve partout où il y a une grande industrie auvergnate à créer ou à soutenir, nous avaient envoyé trois voitures, dont une, en osier, a surtout fixé l'attention par sa forme élégante et sa légèreté, qualité précieuse pour les parties montagneuses de notre région. De nombreux modèles de selles, qui ont le double mérite d'être fabriquées chez MM. Lhéritier frères et avec des cuirs qu'ils ont déjà travaillés et façonnés eux-mêmes, deux brides à la fois élégantes et solides, complétaient cette exposition, qui eût valu, à elle seule, une récompense élevée, si la multiplicité de leurs produits ne leur avait assuré une place hors ligne, qu'une médaille d'or pouvait seule consacrer.

Une autre exposition très-importante était celle de M. Graverol. Sa voiture mylord ne laisse rien à désirer, sauf peut-être un peu plus de moelleux dans le ressort placé sous le siége du cocher; son coupé est également d'un bon travail, malgré la hauteur un peu exagérée des roues de devant. M. Graverol aurait dû songer que si, dans un pays de plaines, on peut impunément diminuer le tirage en donnant aux roues une grande hauteur, il ne saurait en être de même dans une contrée montagneuse où abondent les côtes à tournants rapides. Son coupé, pesamment chargé sur le siége, lancé rapidement à la descente, pourrait, si l'on tournait trop brusquement, être éraillé par le fer des roues. Cette critique, que M. Graverol tâchera, nous en sommes certains, de ne plus mériter à l'avenir, est du reste la seule qu'on puisse lui adresser. Trois harnais de luxe, entièrement fabriqués dans ses ateliers, sauf la bouclerie en métal, ont été trouvés irréprochables, quoique vendus à des prix peu élevés; aussi une médaille d'argent lui a-t-elle été décernée.

Un harnais de travail, destiné à un grand et fort cheval de brasseur, a été fait et exposé par M. Julien-Boyer : c'est là un travail soigné et consciencieux que nous avons récompensé par une médaille de bronze.

M. Glattard, de Roanne, a soumis à notre appréciation un collier spécialement imaginé pour prévenir les accidents. En tirant une simple ficelle, le conducteur d'une voiture dont le cheval a pris le mors aux dents, fait jouer une gachette qui seule retient les traits; l'animal, instantanément dételé, peut continuer où bon lui semble sa course furieuse, tandis que la voiture devrait s'arrêter au point où elle se trouve. Nous avons tenu à mentionner honorablement l'invention réellement ingénieuse de M. Glattard, tout en lui faisant remarquer que la vitesse acquise déjà par la voiture au moment où on fait jouer la gachette, la fera marcher encore pendant un temps fort appréciable, surtout si, comme cela arrive le plus souvent, c'est à une descente que le cheval s'est emporté. Le sabot d'une mécanique ordinaire serait même, dans cette dernière hypothèse, impuissant à détruire cette vitesse assez promptement, pour que l'on fût toujours certain d'éviter un événement fâcheux.

Une autre mention honorable a été décernée à MM. Mazin frères, pour un harnais de cabriolet, qui ne laisse rien à désirer sous le rapport du travail, mais dont le mors et le frontail sont d'un goût douteux.

INSTRUMENTS DE MUSIQUE.

Il est fâcheux que notre industrie locale ne puisse revendiquer les nombreux pianos exposés par MM. Aimé père et fils. Ce sont pour la plupart d'excellents instruments, qu'une ornementation extérieure, soigneusement traitée, transforme en meubles luxueux; malheureusement leur facture toute parisienne les met hors de concours.

M. Bonenfant, au contraire, fabrique lui-même; et ses instruments, d'un prix relativement peu élevé, possèdent des qualités sérieuses, qu'un peu de dureté dans les sons ne saurait faire méconnaître. Le goût de la musique et l'étude du piano tendant à se généraliser de plus en plus, nous avons trouvé dans les trois pianos exposés par M. Bonenfant tous les éléments d'une industrie destinée à un avenir sérieux, et qu'une médaille de bronze devait contribuer à encourager.

Un instrument nouveau inventé par M. Ligier, et baptisé par lui du nom d'orphéï, n'est à proprement parler qu'un accordéon à manivelle muni de touches et pouvant, à l'aide de registres, imiter le son de la flûte ou du hautbois, et former des accords dans tous les tons. Ce petit meuble, fort bien exécuté, que l'on peut facilement transporter d'un lieu à un autre, peut, comme accompagnement à la voix humaine, rendre de vrais services et remplir un but d'utilité que le jury a récompensé par une mention honorable. La même observation peut s'appliquer aux cymbales à piston du même exposant. Le cymbalier pourra dorénavant faire sa partie et suivre sur son carton les notes qu'il doit exécuter, sans être automatiquement lié aux mouvements de la grosse caisse.

Nous ne saurions en terminer avec la musique, sans mentionner à ce rapport officiel la satisfaction qu'a fait éprouver au Jury la belle panoplie d'instruments divers, exposée hors concours par M. Laussedat, et parmi lesquels on remarquait surtout un violon façon Stradivarius.

PAPETERIE. — CARTONS. — RELIURE.

Un de nos départements limitrophes possède une fabrique de papiers des plus importantes. L'industrie de la papeterie à la main était également, il y a quelques années encore, très-florissante dans l'arrondissement d'Ambert, et nous ne croyons pas qu'elle y soit complètement abandonnée; le Jury a donc constaté avec peine l'insuffisance de notre exposition sur ce point. Plusieurs échantillons de papier joseph y figurent cependant; M. André Vimal en présente quelques-uns d'une bonne fabrication, et qu'on a jugés dignes d'une médaille de bronze. Ceux de MM. Lebon et Porte, un peu inférieurs, et surtout moins nombreux, ont obtenu une mention honorable.

Un industriel de Thiers, M. Ballande-Fougedoire, a exposé des cartons qui sont solides et bien triturés. Il est étranger à notre province, et c'est lui qui a importé dans notre département ce genre de fabrication. Doué d'un esprit inventif et ingénieux, il fait entrer dans la composition de ses produits de la paille et autres matières végétales; mais l'amalgame en est si parfait, qu'on ne saurait s'en apercevoir avec quelque minutie qu'on examine les spécimens qui nous ont été présentés. L'établissement dirigé par cet exposant est presque à son début; nous espérons que cette industrie réellement utile recevra une impulsion vigoureuse de la médaille de bronze que nous lui avons attribuée.

M. Bouquier a également importé à Clermont une industrie qui paraît être en bonne voie, c'est celle des cartons de luxe. Les boîtes de bonbons et de mariage que nous avons examinées avec intérêt sont finement découpées et d'un goût exquis; cet exposant nous a paru mériter une médaille de bronze.

Les cartons communs exposés par M. Clermont ont obtenu une mention honorable.

Le seul imprimeur qui ait exposé, M. Jouvet, a paru mériter la même récompense.

Les expositions hors concours de MM. Boucard, Duchier, et Paris-Beaulieu, offraient à nos visiteurs une foule de livres de piété et d'albums richement reliés. M. Duchier exposait en outre deux in-folios rares, et M. Paris-Beaulieu, comme fabricant de registres et de livres-journal, possède une rare supériorité, que le Jury a constatée en lui décernant une médaille de bronze.

Un calepin perpétuel, dans lequel M. Casson a remplacé avantageusement par de la tôle vernie noire et blanche la peau qui jusqu'à présent avait été l'élément essentiel de cet article de bureau, a été l'objet d'une mention honorable.

M. Four est un relieur habile ; les spécimens de son travail qui ont passé sous les yeux du Jury, ne laissent que bien peu de chose à désirer, et nous lui avons décerné une médaille de bronze.

Une récompense analogue a été accordée à M. Cluzel-Arnaud, qui, un peu inférieur dans la reliure de luxe, fait à des prix exceptionnels la reliure ordinaire.

TABLETTERIE. — ARTICLES DE FANTAISIE.

La tabletterie est l'industrie parisienne par excellence, et, à quelques rares exceptions près, aucun établissement important, fabriquant ce genre de produits, n'a pu s'acclimater dans les départements du centre de la France. Aussi avons-nous été agréablement surpris, en abordant l'examen d'une série d'objets classés comme peu importants dans une classe indéterminée, de nous trouver en face d'une grande et belle industrie, faisant un chiffre d'affaires considérable et montée sur une large échelle.

M. Riocourt-Andréax a fondé, il y a quelques années, et exploite depuis lors une fabrique de peignes dans laquelle il emploie bon nombre d'ouvriers et dont le succès grandit sans cesse. L'état florissant de cette industrie s'explique facilement par la solidité, le bon marché merveilleux, le fini et l'élégance des produits. Les bêtes à cornes, si nombreuses dans les pâturages de nos montagnes, fournissent toute la matière première employée par M. Riocourt-Andréax; à ce point de vue seul cette fabrication, d'ailleurs si vivace, présente une utilité incontestable, dont le Jury a tenu grand compte en décernant à l'exposant une médaille d'argent.

Quant aux autres objets assez nombreux, groupés dans cette classe indéterminée dont je parlais tout à l'heure, ils ne justifiaient que trop, pour la plupart, l'espèce d'exil que, sous le titre d'articles divers, de fantaisie ou autres, une classification provisoire leur avait imposé.

Après avoir examiné attentivement de fort jolies fleurs, qui ont valu à Mlle Courtinat une mention honorable, nous nous sommes trouvés en présence d'une foule d'œuvres de patience, de boîtes à secret, de maisons en bois, d'églises en carton, etc., toutes sortes d'ouvrages en un mot qui ont certainement leur mérite, mais qu'un Jury industriel ne saurait primer. Nous les avons donc exclus de la liste des récompenses, tout en décidant en principe l'insertion au rapport des noms et des produits les plus méritants. Mentionnons donc de très-jolis ouvrages en plumes exposés par madame Tixier de Beaurecueil, de charmants petits meubles miniature de MM. Poiret et Vissac, un coffret d'antimoine de M. Benezit, un bouquet de fleurs naturelles desséchées de M. Barret, un modèle de vaisseau de M. Tixier, et nous aurons cité tout ce qu'un Jury moins préoccupé de l'utilité réelle des objets exposés aurait pu récompenser sans faiblesse. Il est d'ailleurs trop juste d'ajouter que deux expositions hors concours relevaient singulièrement cette classe de nos produits ; nous voulons parler des médaillons en bois durci de MM. Latri et Cie, exposés par MM. Zani père et fils, et de la vitrine dans laquelle M. Pouge avait accumulé de très-jolis coffrets, des agendas, des éventails d'un très-bon goût, en un mot une foule de charmants ouvrages en tapisserie.

MÉDAILLONS ET OUVRAGES EN CHEVEUX. — POSTICHES.

Les expositions hors concours de nos coiffeurs ont été remarquées et méritaient de l'être; les deux vitrines de MM. Chavaribert et Barret, complètement garnies de spécimens de parfumerie en tout genre, offraient aux yeux ces mille petits riens dont on ne saurait cependant se passer, que le luxe, tendant à se généraliser, a rendus usuels, et pour lesquels la province sera longtemps encore tributaire de Paris.

Au point de vue des récompenses, nous n'avions à nous occuper que des ouvrages postiches, exécutés par les exposants eux-mêmes : une coiffure et des bandeaux par M. Chavaribert, deux perruques par M. Veillard, nous ont semblé mériter des récompenses qui se sont traduites par deux mentions honorables.

Quant aux médaillons et autres ouvrages en cheveux, le Jury a remarqué et primé d'une médaille de bronze l'exposition très-complète de M. Champclaux. Au milieu d'un grand nombre de cadres artistement dessinés, un bouquet parfaitement réussi, deux lettres entrelacées avec goût, ont valu surtout à M. Champclaux cette distinction exceptionnelle pour la classe où il se trouve placé.

Un bouquet de M. Neuville a obtenu une mention honorable.

EXPOSITION HORTICOLE
DE CLERMONT-FERRAND.

RAPPORT DE M. JALOUSTRE

SUR

LA RECONSTITUTION DU JARDIN DE BOTANIQUE

ET SUR

L'ENSEMBLE DE L'EXPOSITION D'HORTICULTURE.

MESSIEURS,

La ville de Clermont était désignée au mois de mai dernier, par son tour de rôle, comme centre d'un concours régional agricole. Cette solennité était de nature à mettre en éveil toute la sollicitude de l'Administration municipale, car la lice qui allait s'ouvrir au chef-lieu d'un département essentiellement agricole, plaçait l'édilité dans l'obligation d'offrir un champ clos digne de la première ville de la région.

Nos administrateurs se souvenaient que Clermont avait eu jadis ses *grands jours*, qui ont retenti dans les annales de la justice ; et comme célébrité oblige, et que le sentiment d'honneur provincial, loin de dégénérer en Auvergne, n'a fait que s'affermir par le développement de l'instruction publique, il s'agissait de donner à ces *grands jours* de l'agriculture tout l'éclat d'une fête solennelle, afin que le souvenir s'en perpétuât dans les campagnes.

Pour parvenir à ce résultat, il convenait de sortir des voies frayées et de dédaigner d'avoir recours au décor fruste et banal de l'entreprise industrielle.

Nos délégués devaient trouver dans les ressources locales les moyens de suppléer avec avantage à cette utilité nomade, et nous avons aujourd'hui à les féliciter de leur zèle, qui nous en a révélé la puissance. La Commission chargée de choisir un emplacement pour l'installation du concours, ne pouvait avoir la main plus heureuse qu'en désignant les terrains ou fut jadis un jardin de botanique. Cette main, il est vrai, était guidée par le génie du goût et de la prévoyance.

En effet, cette désignation contenait en germe un projet dont la réalisation paraissait ajournée à une époque imprévue de prospérité financière ; et comme en bonne administration l'*utile* doit passer avant l'*agréable*, il était probable que la reconstitution d'un jardin de botanique, fondée sur l'opulence future de la caisse municipale, attendrait longtemps son tour de rôle.

Cependant le génie protecteur des fleurs en avait décidé autrement, en faisant naître une circonstance favorable.

Le choix du champ clos devenant un fait accompli, il ne s'agissait plus que d'opérer la transformation d'un terrain jadis désolé par l'abandon en une oasis fleurie réunissant les fraîches séductions de la flore cultivée.

Pleine de confiance dans l'infatigable activité de son cher professeur, l'Administration municipale s'en remit entièrement à ses lumières et à son goût exquis pour appliquer ou modifier un plan préalablement conçu.

Le moment était opportun, car les fêtes du concours agricole devaient puiser dans l'ornementation du jardin un éclat extraordinaire.

Aidé du concours de MM. les ingénieurs des ponts et

chaussées, M. Lecoq entreprit résolument ce travail de transformation, et sous sa direction la chrysalide informe précipita rapidement l'œuvre de son éclosion.

Les terrains se modelaient à vue d'œil en courbes adoucies, et les allées développaient comme par enchantement leurs méandres gracieux sur l'espace naguère inculte ou envahi par une végétation agreste et vulgaire.

Des constructeurs d'ouvrages hydrauliques, MM. Bourgoignon, de Clermont, et Goutay, de Joze, jaloux de faire apprécier la solidité de leurs matériaux, sollicitèrent la permission de présenter des spécimens de leurs travaux en établissant dans des sites indiqués des bassins de différentes formes. Ces élégantes constructions devaient contribuer pour une large part aux effets de la perspective et plus tard aux besoins des irrigations.

De leur côté, les rocailleurs s'ingéniaient à imiter la nature en disposant en ponts et en cascades des roches moussues arrachées à leurs pentes abruptes pour servir au décor et offrir le contraste de la végétation rupestre avec la luxuriante vigueur des plantes cultivées.

A mesure que les terrassements avançaient et que les ouvriers laissaient derrière eux des terrains mollement ondulés et recouverts d'une couche épaisse de terre substantielle, nos horticulteurs de Clermont, de Riom et d'Issoire, réclamaient l'honneur de prendre part à la décoration du site, et se divisaient la tâche sous la direction du maître.

Chacun se mit à l'œuvre avec une louable ardeur et déploya toutes les ressources de son intelligence et de son goût, pour donner à sa concession provisoire la forme la plus gracieuse et pour la peupler des fleurs les plus éclatantes et des arbrisseaux les plus précieux.

Dans peu de jours toutes les nudités du sol furent voilées, et des corbeilles formées de fleurs artistement groupées offrirent à l'œil émerveillé toutes les splendeurs de l'efflorescence la plus variée et les tons de verdure les plus harmonieux.

Animés d'un sentiment d'émulation qui n'ambitionnait comme récompenses que d'encourageantes félicitations, nos horticulteurs nous ont donné la preuve que, si leur art n'est pas toujours très-lucratif, il procure par compensation des satisfactions intimes bien supérieures aux autres jouissances de la vie. Et s'ils n'ont pas pénétré les profondeurs de la science botanique et de la physiologie végétale, ils possèdent cette intuition des mystères de la nature, qui les guide dans leurs opérations pratiques.

Vivant parmi les fleurs, ils en observent les délicatesses et l'on pourrait même dire les caprices. Attentifs à leurs exigences, ils cherchent à les satisfaire en leur distribuant la part de soleil ou d'ombre qui convient à chacune d'elles.

Constamment préoccupés d'obtenir des variations dans la forme, dans le coloris ou dans l'ampleur des corolles de ces délicates filles de la terre, ils mettent à profit tous les moyens révélés par la science, tels que la fécondation artificielle, l'hybridation, la fréquence des semis, la bouture, la greffe, etc., et réussissent enfin à former ces nombreuses variétés d'un type naguère unique dans son genre.

Quelle figure ferait aujourd'hui la première rose, le premier dahlia, le premier camélia et une foule d'autres types, à côté de cette génération nouvelle créée par la main industrieuse de nos jardiniers?

Si l'on songe à toutes les satisfactions que procure à un horticulteur la conquête d'un coloris nouveau, d'une double corolle ou d'un parfum inconnu, on comprendra sans peine que souvent ce n'est pas sans regret qu'il se sépare de la plante objet de ses soins et de son amour, lorsque l'impérieuse nécessité l'oblige à l'échanger contre les besoins de la vie.

Je n'entrerai pas dans les détails d'une longue nomenclature de toutes les belles plantes qui ont été réunies dans notre nouveau jardin, car je pourrais faire des omissions sensibles et m'attirer le reproche de vouloir favoriser l'un au détriment de l'autre, alors que dans ma pensée chacun a un droit égal, je ne dirai pas seulement à la reconnaissance de la Commission, mais à celle de tous nos concitoyens. Cette œuvre d'association a produit dans quelques mois ce que la volonté la mieux arrêtée et la libéralité la plus somptueuse n'eussent pu faire en plusieurs années.

Dès à présent notre ville est dotée d'une promenade charmante, qui bientôt réunira tous les éléments d'étude de l'arboriculture et de la botanique, et qui formeront le complément le plus attrayant de l'instruction que notre jeunesse actuelle est appelée à puiser aux sources vives des connaissances humaines qui jaillissent dans le palais voisin.

Il est regrettable que les objets d'art tels que statues, vases, tables, miroirs sphériques, siéges, etc., qui meublaient les esplanades du jardin, grâce à l'obligeance de notables négociants de notre ville, MM. Julliard et David, n'aient été placés qu'à titre provisoire et puissent être enlevés d'un instant à l'autre par leurs propriétaires, car ils laisseront des vides qu'il faudra nécessairement remplir dans un avenir plus ou moins rapproché.

Nous en dirons autant de l'élégante serre de M. Herbeaumont, avec cette différence que les proportions de ce conservatoire de fleurs sont insuffisantes pour un établissement de l'importance de notre nouveau jardin.

Nous regrettons également de ne pouvoir exprimer une appréciation bien motivée sur les divers modes de culture de vigne qui ont été introduits dans le jardin. Ces spécimens s'appliquent plus particulièrement au domaine de la viticulture. Si la floriculture a été dignement représentée dans la période d'exposition qui s'est ouverte depuis le mois de mai jusqu'à la fin de septembre, la pomologie a excité au plus haut degré l'admiration de tous les amateurs des savoureux produits des cultures fruitières de notre beau pays.

Cette section de notre exposition, qui représentait le plus beau spécimen de la richesse de notre sol, offrait un intérêt trop saisissant pour ne pas en faire l'objet d'un rapport spécial; d'un autre côté, l'arboriculture a fait des progrès assez sensibles depuis quelques années pour mériter d'être particulièrement signalés.

Notre collègue, M. Charles de Riberolles, a bien voulu accepter la tâche de vous en rendre compte.

L'œuvre que vous avez si bien commencée, l'Administration, n'en doutez pas, se fera un devoir de la continuer, car elle comprend que, dans un pays où la production du sol en constitue la principale richesse, un jardin public doit réunir tous les éléments capables de faire progresser la culture fruitière, en vulgarisant les méthodes les plus propres à assurer la récolte et à en augmenter la valeur par une sélection intelligente.

Habitués à vivre au milieu des splendeurs d'une nature prodigue, le moindre effort nous garantit un succès.

Heureuses les populations qui n'ont qu'à demander au sol les nécessités de la vie ! car la terre, loin de mettre ses ouvriers en grève, parvient toujours à les séduire par ses largesses, et le premier privilége qu'elle leur accorde c'est une santé robuste, qui procure à la patrie des citoyens dévoués et de vigoureux défenseurs.

EXPOSITION HORTICOLE
DE CLERMONT-FERRAND.

RAPPORT DE M. Ch DE RIBEROLLES
SUR
LES FRUITS ET LES LÉGUMES
AU NOM DU JURY DE L'EXPOSITION HORTICOLE.

Messieurs,

Dans un pays tel que celui auquel nous sommes heureux d'appartenir, dans cette riche Limagne où le sol, réunissant les éléments d'une fécondité sans égale, se prête à toutes les cultures avec une inépuisable fécondité ; où le climat, ressentant déjà les influences méridionales, vient par sa chaleur tempérée en aide au sol ; où des voies ferrées, qui vont chaque jour multipliant leurs réseaux, offrent, de concert avec une rivière navigable, un débouché facile pour toutes les denrées ; où enfin une industrie considérable alimentée par nos vergers, celle de la confiserie, prospère et étend au loin ses relations commerciales ; dans un pareil pays, disons-nous, au milieu de semblables circonstances, la production des fruits a une haute valeur, une importance hors ligne, et cette branche de l'horticulture, source de richesse pour le présent et plus encore pour l'avenir, devait fixer d'une manière toute particulière l'attention de la Commission d'exposition.

Nous nous plaisons à le constater, cette importance de l'horticulture fruitière n'a pas été méconnue parmi nous. Nous en avons la preuve dans les progrès révélés par notre Exposition pendant sa longue durée, progrès manifestés à tous les yeux par ces collections de fruits si riches et si nombreuses que nous venons tous d'admirer.

Une entre toutes attirait les regards, celle de M. Lesbre, d'Ebreuil. Pomologiste éminent, M. Lesbre nous avait présenté un magnifique lot de fruits de toute espèce admirablement classés, que couronnaient trois ananas de Cayenne à feuilles lisses en pleine maturité, du plus ample volume et de la plus grande beauté. Cette collection ne brillait pas seulement par le nombre et le classement, mais aussi par le choix judicieux des variétés, toutes prises avec soin parmi les plus méritantes. Dans les pêches, le beau brugnon Warwick se faisait remarquer par son volume exceptionnel, et, dans les vignes, une variété trop peu répandue, le raisin d'Espagne à un pépin, par ses beaux grains et son excellente qualité.

M. Lesbre avait aussi exposé des arbres taillés, avec une régularité qui en faisait de précieux modèles. Les formes adoptées par lui étaient la palmette, l'éventail, la pyramide, toutes formes en un mot qui, laissant à l'arbre dans toutes ses parties son développement normal, lui assurent une existence régulière et une longue durée.

Une première médaille d'or a été décernée à ce lot hors ligne.

Deux autres médailles d'or ont été accordées à MM. Délusse et Aguilhon Robert, d'Issoire.

La collection de M. Délusse nous a frappé par le nombre fort considérable des variétés qu'elle réunit. Tous les fruits de la saison y sont représentés par plusieurs échantillons dénommés avec soin et exactitude.

Le lot de M. Aguilhon se compose principalement de poires et de pommes. Les variétés sont nombreuses, bien étiquetées, représentées par des spécimens volumineux et bien venus. Nous y avons noté quelques espèces encore très-nouvelles, entre autres le beurré Gendron et la poire Nowel. M. Aguilhon habite un pays spécialement propre à la culture des fruits. Nous applaudissons sans réserve à ses efforts méritoires pour introduire et répandre toutes les nouveautés de valeur.

Les trois médailles d'argent de Son Excellence le Ministre de l'agriculture ont été réparties entre MM. Guillot, Cyrille Buron et Dubroc-Barnicaud.

M. Guillot, dans le fort beau lot qu'il nous a produit, a fait preuve d'un soin scrupuleux dans la classification de ses espèces, et d'une étude sérieuse de leur caractère et de leur synonymie. Outre le mérite intrinsèque de sa collection, formée de variétés d'une qualité reconnue, on doit lui savoir gré de l'esprit d'ordre et des connaissances spéciales dont il a fait montre. Il a pris pour point de départ de sa classification la liste de quarante poires rangées en quatre catégories publiée il y a quelques années, et qui réunit, d'un avis assez général, les variétés présentant la plus grande somme de qualités. Très au courant des nouveautés qui paraissent, M. Guillot nous a montré parmi les gains les plus récents et les mieux recommandés la Louise-Bonne de printemps, la Passe-Crassanne et le beurré de février. Il avait aussi réuni une collection complète de coings, de bonnes variétés de pommes, parmi lesquelles une de semis d'assez belle apparence.

Moins favorisé par le sol et le climat que la plupart de ses concurrents, M. Cyrille Buron n'en a pas moins rivalisé avec les mieux partagés. Environ deux cents spécimens de fruits de toute espèce, poires, pommes, pêches, noix et raisins, formaient son apport. En dépit de la température assez froide d'Ambert, où sont établies ses cultures, il nous a présenté en pleine maturité vingt-trois variétés de raisins, pour lesquelles, en dehors de son lot de fruits de toute nature, la Commission lui a décerné une médaille de bronze.

Des raisins seuls formaient l'apport de M. Dubroc-Barnicaud; mais cette collection sans rivale avait un haut intérêt. L'on ne pouvait qu'admirer ces nombreuses belles grappes de toute nuance qui surchargeaient un vaste rayon de leurs grains parfaitement mûrs.

M. Dubroc-Barnicaud a prouvé que, dans nos terrains si favorables à la végétation de la vigne, nous pouvions, comme dans le Midi, multiplier les espèces, que notre soleil suffit largement à amener à la plus complète maturité.

Au milieu d'une exhibition de fruits bien choisis et nombreux appartenant à M. Vasseur, tous les regards étaient attirés par la beauté, le développement exceptionnel, de toute une série de poires prises parmi les variétés les plus volumineuses, et dont la grosseur avait été amenée à son maximum par l'application de la greffe Luizet. Cette greffe a plus d'une utilité. Outre l'avantage de donner des fruits énormes sur des arbres jusque-là improductifs, elle a encore celui de changer le tempérament rebelle de ces arbres, en détournant, au profit de productions fruitières, cet excédant de vigueur et de sève qui mettait seul obstacle à leur fécondité. Dès l'ouverture de l'Exposition au printemps, M. Vasseur avait apporté quelques-unes de ces greffes qui venaient à peine de passer fleur. Elles étaient alors accompagnées d'une botte de ces magnifiques asperges pour la culture desquelles il a jusqu'à présent défié toute concurrence. Une médaille de vermeil a été décernée à M. Vasseur.

Les lots de MM. Levadoux, de Riom, et Amable Phelut, ont mérité la même distinction. M. Levadoux, qui malgré son éloignement de Clermont avait contribué à l'ornementation du jardin avec un zèle et un succès pour lesquels il a droit à nos éloges et à notre gratitude, avait, outre ses fleurs, exposé aussi une fort belle collection de fruits. M. Levadoux réunit dans ses cultures toutes les spécialités.

M. Amable Phelut possède et dirige, dans les excellents terrains de Bien-Assis, des pépinières considérables. Dans d'aussi heureuses conditions, il ne peut qu'obtenir de superbes produits. Aussi ses poires et ses pommes se faisaient-elles remarquer par leur beau développement. Les pommes surtout appelaient l'attention; car à la beauté des exemplaires, dont en somme le principal mérite peut revenir au sol qui les a nourris, se joignaient le nombre, la variété et le bon choix des espèces. De tous les fruits de nos climats, s'il n'est pas le plus savoureux, la pomme est peut-être le plus utile par sa rusticité, sa longue conservation, la multiplicité de ses usages, et, pour notre département surtout, il a une importance majeure, car il y constitue un des plus riches produits du sol et l'objet d'un commerce d'exportation étendu. Par suite de ces considérations, la Commission ne pouvait qu'applaudir à la prédilection que M. Amable Phelut a montrée pour la culture du pommier, et l'encourager à persister dans cette voie.

Des corbeilles où étaient rangés de très-beaux fruits pris dans les meilleures variétés, étaient exposées par M. Saturnin Pommier. Ce lot, remarquable par le bon choix des espèces, leur exactitude, et aussi par le développement des spécimens, indice d'une bonne culture, a mérité à l'exposant une médaille d'argent.

Des médailles de bronze ont été décernées à MM. Faure, Berthoule, Aubert, pour leurs fruits; Guizou et Perrier-Mercier, pour leurs palissades de pêchers; Cyrille Buron et Monier, pour leurs raisins, et à M. Mory, de Courpière, pour ses oranges et citrons.

Le lot de fruits de M. Berthoule est le prix d'une lutte persévérante et couronnée de succès avec un climat ingrat. A ce titre seul il eût mérité notre intérêt; mais, indépendamment de ces difficultés climatériques vaincues, il avait encore une valeur réelle par le nombre des espèces et leur exacte qualification.

MM. Faure et Aubert avaient aussi pour eux le mérite du nombre ; mais nous aurions désiré voir, dans les dénominations appliquées à leurs fruits, une plus rigoureuse exactitude. Nous comprenons que des erreurs soient faciles à commettre sous ce rapport, et doivent être rapportées à la source étrangère d'où provenaient leurs types ; mais c'est affaire aux horticulteurs, et la chose est pour eux d'une extrême importance, de se renseigner, soit par les ouvrages spéciaux, soit par les collections de fruits modelés en cire, soit même par la comparaison des collections de leurs confrères, sur les caractères et l'identité des espèces qu'ils propagent.

M. Guizou a prouvé, par la création de sa belle palissade, qu'une opération faite avec entente dans un but d'agrément, pouvait être aussi une fructueuse spéculation et constituer un exemple bon à suivre.

M. Perrier nous a montré, dans plusieurs jardins qu'il est appelé à diriger, des palissades de pêchers bien conduites, et qui témoignent de connaissances acquises à bonne école.

M. Monier cultive d'une manière spéciale les raisins de vigne. Son exposition, intéressante sous le rapport vinicole, l'est aussi, bien qu'à un moindre degré, au point de vue purement horticole.

Enfin, des mentions honorables ont été accordées à MM. Phelut-Chatard, Meynial (Pierre), Calandrier, Phelut (Robert), Daupeyroux, à Mme Barbarin et l'établissement de l'Orphelinat, pour leurs lots, tous recommandables à divers titres, et à M. Aguilhon, d'Aigueperse, pour ses citrons.

Nous sommes loin, Messieurs, d'avoir épuisé les noms de tous les exposants qui ont contribué avec le zèle le plus louable à orner nos gradins de lots de fruits tous justement admirés, mais dont les limites de ce rapport ne nous permettent pas de faire une mention détaillée. Nous ne pouvons donc que nous borner à leur adresser des remercîments collectifs, notamment à MM. La Salzède, Estelle-Parisse et Salzac-Lhéritier, dont les produits se faisaient remarquer au milieu des nombreuses richesses d'un concours dont l'éclat a dépassé toutes les espérances.

LÉGUMES.

Avant de commencer l'examen de l'exposition des produits de la culture maraîchère, permettez-nous, Messieurs, la manifestation d'un regret. En considérant cette vaste ceinture de jardins coupés de cours d'eau, situés dans le sol le plus fertile, qui fournissent avec abondance aux marchés de Clermont les légumes les plus plantureux, nous devions compter sur une affluence considérable de produits maraîchers. Notre espérance a été cruellement déçue, et les appels répétés sont restés presque sans écho. D'éclatantes exceptions néanmoins devaient nous consoler de déplorables abstentions, et nous prouver qu'il se trouvait aussi, parmi nos jardiniers légumiers, des hommes de progrès qui n'étaient point insensibles à l'aiguillon d'une noble émulation.

Parmi eux nous citerons en première ligne M. Aubert-Favard, dont la collection de légumes, aussi complète qu'elle pouvait l'être, présentait l'aspect le plus varié et le plus séduisant. Une médaille d'argent de Son Excellence le Ministre de l'agriculture a été décernée à ce beau lot, aussi digne de cette récompense par la bonne culture que par le nombre et le beau choix des plantes qui le composaient.

MM. Dufour, Lerozier et l'Orphelinat, cet établissement qui donne à toutes les branches de l'horticulture dans notre contrée une impulsion si énergique par son enseignement et son exemple, ont fourni, pendant toute la durée de l'Exposition, une succession de produits fort distingués, et appartenant généralement à des variétés nouvelles ou encore peu répandues. Nous mentionnerons plus particulièrement les brocolis mammouth, les artichauts de Laon, les quatre variétés de cardons, les monstrueuses chicorées de Ruffec et la collection de melons de M. Lerozier, les choux-navets, choux-raves, céleris, raves, oignons, courges, tomates et aubergines si vigoureusement étoffées de M. Dufour, les aubergines gigantesques, les ananas et les belles tomates de l'Orphelinat.

Trois médailles de vermeil ont été réparties entre MM. Lerozier, Dufour et l'Orphelinat.

M. Robert Phelut présentait un beau choix de légumes dont la culture ne laissait rien à désirer. Nous y avons distingué de beaux artichauts des deux races violette et verte de Laon et de volumineuses pastèques.

M. Robert Phelut a obtenu une médaille d'argent.

Trois médailles de bronze ont récompensé les efforts de MM. Brayat, Gilbert Gros et Calandrier. Le premier avait réuni sous une forme de lustre ou de girandole fort originale une collection très-complète de piments et de tomates; le second, dès les premiers jours de l'Exposition, n'a cessé de renouveler des légumes variés, dont quelques-uns de primeur, unis à des fleurs bien cultivées. Enfin, M. Calandrier, entre autres variétés intéressantes, nous a montré de superbes artichauts gros camus de Bretagne, race excellente et peu répandue.

Deux mentions honorables terminent la liste des récompenses accordées aux légumes. Elles sont échues à M. Cyrille Buron, pour sa collection de vingt-cinq variétés de pommes de terre, et à M. Aubert, pour son lot où se faisaient remarquer de beaux artichauts de Laon et des ignames de la Chine.

DISTRIBUTION DES MÉDAILLES ET DES MENTIONS

DÉCERNÉES PAR LE JURY DES RÉCOMPENSES.

Section des Beaux-Arts.

1re DIVISION. — PEINTURE, DESSINS, SCULPTURE.

Grande médaille d'or donnée par Sa Majesté l'Empereur, décernée à la mémoire de M. Tomy Degeorge, né à Blanzat, pour l'œuvre entière de ce peintre remarquable, dont le talent est un honneur pour notre pays.

Médaille d'or. — M. Louis Devedeux, de Clermont, peintre à Paris, pour ses portraits et son tableau représentant une famille turque.

Grande médaille d'argent donnée par l'Empereur, décernée à M. Edouard Onslow, peintre à Blesle, pour ses peintures de scènes d'Auvergne.

Médaille d'argent. — MM. Roux, peintre à Clermont, pour ses paysages; Frère Athanase, de l'institut de la doctrine chrétienne, peintre à Paris, pour son tableau la *Halte de l'Empereur à Beaumont;* Jules Laurens, peintre à Paris, pour ses tableaux; Foulongne, peintre à Paris, pour ses paysages; Bonhomme, peintre à Clermont, pour ses tableaux religieux.

Médaille de bronze. — MM. Frère Hyacinthe, de l'institut de la doctrine chrétienne, peintre à Clermont, pour son tableau de *Saint Dominique ressuscitant un jeune enfant;* Guillemot, peintre à Riom, pour ses vues des environs de Thiers; Mlle Hervier, peintre à Clermont, pour ses portraits et ses tableaux de scènes militaires en Afrique; MM. Bouché, peintre à Clermont, pour ses portraits et ses intérieurs; Tamizier, d'Ambert, peintre à Paris, pour ses paysages et une étude de fleurs; Delorieux, peintre à Clermont, pour ses nombreux paysages, ses intérieurs et ses dessins; Mlle d'Orcet, de Clermont, pour ses portraits; M. Arthur Onslow, peintre à Clermont, pour son tableau des paysans de Champeix et ses copies; Mme d'Auriac, née Onslow, de Clermont, pour ses tableaux de nature morte; Mlle Déperrier, peintre à Clermont, pour ses études de fleurs; M. M. de Saint-Didier, de Clermont, pour son tableau représentant une lande avec des animaux; Derrode, de Clermont, pour une étude; Curty, peintre à Nantes, pour une vue prise dans le Cantal; de la Salle, d'Issoire, pour plusieurs paysages et des copies.

Mention honorable. — Mlle Parcors, de Clermont, peintre à Paris, pour ses copies.

DESSINS.

Médailles de bronze. — MM. Valette, peintre à Castres, pour sa vue au fusain des montagnes du Mont-Dore; Courtois, peintre à Paris, pour sa série de portraits au crayon.

Mentions honorables. — Mlle Vidal, à Riom, pour ses dessins à la plume; M. Dalbine, de Clermont, pour ses dessins à la plume.

SCULPTURE.

Médaille d'or. — M. Chalonnax, sculpteur à Clermont, pour sa statue de Domat.

Médaille d'argent. — M. Gournier, sculpteur à Clermont, pour les statues le Printemps et l'Eté.

Médailles de bronze. — Le cours de modelage de l'Ecole professionnelle de Clermont, pour une figure en ronde bosse, des bas-reliefs et une cheminée décorative; l'Ecole de modelage de Volvic, pour une figure en ronde bosse, plusieurs figures et des ornements.

2me DIVISION. — LITHOGRAPHIE, TYPOGRAPHIE ET PHOTOGRAPHIE.

Médailles d'argent. — MM. Gilberton, lithographe à Clermont, pour sa carte et ses impressions; Desrosiers, imprimeur à Moulins, pour l'ensemble de son exposition; Pilinski, lithographe à Paris, pour son procédé de reproduction.

Médailles de bronze. — MM. Coulon, photographe à Clermont, pour sa vue de la cathédrale de Clermont et ses paysages de Royat et du Mont-Dore; Bérubet, photographe à Clermont, pour ses vues de la fontaine de Jacques d'Amboise et de l'église de Saint-Eutrope; Renaud, photogaphe à Clermont, pour sa vue de l'église d'Issoire et ses paysages.

3e DIVISION. — ARCHITECTURE, PLANS, MODÈLES, VITRAUX ET DESSINS.

Médaille d'or. — M. Henri Taché, architecte à Clermont, pour son projet de théâtre.

Médaille d'or ex æquo. — MM. Léon Compagnon, architecte à Clermont, pour ses restaurations et ses dessins; Emile Mallay, architecte à Clermont, pour sa restauration de la Grande-Rue de Montferrand, pour ses restaurations, ses projets et ses dessins.

Médailles d'argent — MM. Claude Aucler, pour un plan en relief de la montagne de Gergovia; le frère René, de l'institut de la doctrine chrétienne, pour ses tracés de différentes courbes géométriques et notamment pour sa table de logarithmes; Versepuy, pour un beau modèle de la Sainte-Chapelle de Paris.

Médailles de bronze. — MM. Gacher, Taravant et Coudert, de Clermont, pour les plans topographiques du village de la Baraque et de ses abords, avec les nivellements et deux plans en relief; M. Robert, peintre à Clermont, pour ses nombreuses imitations d'émaux; M. Faure, peintre verrier à Clermont, pour son exposition de vitraux; le Cours de dessin de l'école professionnelle de Clermont, pour l'ensemble de son exposition; le cours de dessin linéaire de la même école, pour ses différents dessins d'architecture, de machines et de topographie; le cours de dessin du pensionnat des Frères de la doctrine chrétienne de Clermont, pour ses différents dessins; le cours de dessin linéaire du même pensionnat, pour ses dessins d'architecture et de machines; l'Ecole normale du département du Puy-de-Dôme, pour ses cartes et ses dessins de machines; M. Mayoli, décorateur à Clermont, pour le relevé sur place des peintures retrouvées au château de Saint-Floret par M. Anatole Dauvergne.

Mentions honorables. — MM. Jarrier fils et Mallay fils, architectes à Clermont, pour leur nouveau plan d'alignement de la ville de Clermont; l'Ecole communale des Frères de la doctrine chrétienne, à Clermont, pour l'ensemble de son exposition.

Section de l'Industrie.

MINES. — CARRIÈRES.

Médaille d'or donnée par Sa Majesté l'Empereur. — Société des mines de Pontgibaud.

Médailles d'or. — Société des mines de Gros-Ménil; société des mines de Bouxhors.

Médaille d'argent donnée par S. Exc. le Ministre de l'agriculture, du commerce et des travaux publics. — Société des mines de Saint-Eloi.

Médaille d'argent. — M. Denier, propriétaire des mines de Charbonnier.

Médailles de bronze. — Société des mines de Messeix; MM. Machebœuf-Conchon, de Clermont, pour sa pierre de Volvic; Rigaudeau, de Clermont, pour son minerai des mines de Monistrol-d'Allier; Gilquin fils, de la Ferté-Sous-Jouarre, pour ses meules.

Mentions honorables. — MM. Ravoux-Viscomte, de Langeac, pour son régule d'antimoine; Blanc, de Marseille, pour ses minerais des mines de Banson; Fayet, de Massiac, pour son minerai d'antimoine; Thibaud, de Saint-Marc, pour ses meules; Robert-Delort et Schulze, de Sauxillanges, pour leurs meules; les carrières de Ruère, pour leur marbre.

ART FORESTIER. — SÉRICICULTURE.

Mentions honorables. — MM. de Riberolles et Clair, de Clermont, pour un sapin de grande dimension; Bouvet, d'Auzon, pour ses cocons et graines de vers à soie; Delbet, de Massiac, pour ses cocons et graines de vers à soie; Mme Gizard, d'Ardes, pour ses cocons et graines de vers à soie.

MACHINES. — OUTILS. — APPAREILS.

Médaille d'or. — MM. Lhéritier frères, de Clermont, pour l'ensemble de leur exposition.

MACHINES A VAPEUR.

Médaille d'argent donnée par S. Exc. le Ministre, décernée à MM. Guidez et Cie, de Coulanges, près Nevers, pour leur machine à vapeur.

Médaille de bronze donnée par S. Exc. le Ministre, décernée à M. Fontanet, du Mont-Dore, pour sa machine à vapeur.

POMPES ET MACHINES HYDRAULIQUES.

Médaille d'argent. — MM. Buchetti père et fils, de Clermont, pour pompes, robinetterie, etc.

Médaille de bronze. — M. Thevaux-Catonnet, de Thiers, pour sa turbine.

OUTILS ET APPAREILS.

Médailles d'argent. — MM. Bouffard, de Clermont, pour outils divers; Dumas, de Clermont, pour machines diverses, presses, etc.; Christmann, de Clermont, pour moulage sans modèle, pièces de fonte, etc.

Médaille de bronze donnée par S. Exc. le Ministre, décernée à MM. Carel et Besserve, de Clermont, pour leurs moules de pâtes alimentaires.

Médailles de bronze. — MM. Bascans-Barthelay, de Gannat (Allier), pour meules, bascules, etc.; Ribeyre, de Clermont, pour outils et machines diverses; Gattard, de Sauxillanges, pour sa pelotonneuse.

Mentions honorables. — MM. Chameil, de Clermont, pour ses mesures de capacité, bascules; Richard, de Besse, pour sa machine à faire les tenons; Got, de Lempdes (Puy-de-Dôme), aveugle, pour son tour en bois; Périssé, de Chamalières, pour son bouche-bouteilles; Deldevez aîné, de Clermont, pour son appareil séparateur de la lie; Beraud, de Clermont, pour sa machine à percer; Tachet-Bughon, de Clermont, pour sa calandre et ses crics; Faucillon, de Clermont, pour son appareil à gaz; Bonnin, de Cusset, pour son appareil pour chauffage des serres; Michel (Antoine), de Chamalières, pour ses instruments d'agriculture et de taillanderie; Michel Neveu-Frangin, de Clermont, pour ses marteaux pour meules; Blanzat, de Clermont, pour sa règle à cintrer les meules; Marcheix, de Clermont, pour son appareil à nettoyer les routes; Conan, de Clermont, pour sa cuvette inodore; Mazet, de Clermont, pour son appareil pour bains de vapeur; Michelet, de Clermont, pour ses outils de sabotier; Sezile, de Noyon, pour son pétrin mécanique; Barbier, de Paris, pour mètres et sommier inventés par M. Duliège de Puychaumeix.

ARTS DE PRÉCISION. — SCIENCES PHYSIQUES. — ENSEIGNEMENT.

Médaille d'or. — M. Pieux-Aubert, de Clermont, pour ses câbles sous-marins, câbles en fil de fer.

Médaille d'argent. — M. Fois, de Clermont, pour son horloge.

Médailles de bronze. — MM. Estrigue, de Clermont, pour son horloge en bois; Col, de Clermont, pour son nouveau procédé de gravure.

CHIRURGIE. — PHARMACIE. — HISTOIRE NATURELLE.

Médaille d'argent. — M. Gautier-Lacroze, de Clermont, pour son traitement de l'alunite du Mont-Dore.

Médailles de bronze. — MM. Fournier de Lempdes, de Clermont, pour ses bandages; Testu, de Clermont, pour ses bandages et appareils orthopédiques; Foulhoux, Henri, de Clermont, pour ses collections minéralogiques.

PRODUITS CHIMIQUES. — CORPS GRAS. — CUIRS ET CAOUTCHOUC.

Médaille d'argent donnée par l'Empereur, décernée à MM. Torrilhon, Verdier et Cie, de Clermont, pour leur caoutchouc.

Rappel de médaille du concours régional. — M. Amenc, Léon, de Clermont, pour ses graisses, huiles et godet graisseur.

Médaille d'argent. — M. Levy, de Clermont, pour ses savons.

Médailles de bronze. — MM. Duranton, d'Issoire, pour son huile de pepin; Poisson, de Vertaizon, pour ses huiles; Gorce-Vigier, de Riom; Bonnieux jeune, de Riom; Chardon-Faviot, de Riom; Bonnieux, de Maringues; Bouche-Foulhoux, de Riom; Haste-Montandraud, de Clermont; Bouyon neveu, de Clermont; Servoingt-Parrot, de Maringues; Tardif, de Clermont, pour leurs cuirs.

Médailles de bronze. — MM. Clémentel aîné, de Clermont, pour ses incrustations; Georget, de Clermont, pour ses incrustations; Clémentel neveu, de Clermont, pour ses incrustations; Drouilhat, de Riom, pour ses incrustations.

Mentions honorables. — MM. Berton, de Riom; Verdier, de Clermont; Juzet-Authy, de Clermont; Amblard-Grado, de Clermont; Guidy-Cluzel, d'Issoire; Monnier, de Saint-Flour; Chanudet, de Combronde, pour leurs cierges et bougies; Argillet, de Clermont, pour sa benzine rectifiée; Giron-Gannat, et Seguin-Giron, de Maringues, Fontsauvage, de Thiers, pour leurs cuirs.

PISCICULTURE.

Rappel de médaille d'or. — M. Rico, de Clermont.

PATES D'AUVERGNE. — SEMOULES. — CONSERVES ALIMENTAIRES.

Médaille d'or. — M. Chatard-Roche, de Clermont, pour ses pâtes d'Auvergne.

Médailles d'argent.—MM. Mignol et Bonnet, de Clermont, pour leurs semoules; Ranixe, de Clermont; Faucher, de Clermont, pour leurs pâtes d'Auvergne.

Médailles de bronze. — MM. Vazeilhes, de Clermont, Cierge, de Clermont, pour leurs semoules; Desmaroux, de Clermont; Coste et Ledieu, d'Ambert, pour leurs fécules; Sage père et fils, de Brives, pour conserves alimentaires et truffes conservées.

Mentions honorables.—MM. Roche-Barbat, de Clermont; Roche (Jean), de Clermont; Chapier, de Clermont; Segond, de Clermont; pour leurs semoules; Cotton père et fils, de Brives; Fournaud, de Tulle, pour leurs conserves alimentaires; Cély, de Clermont, pour ses pommes conservées deux ans en état de fraîcheur.

FRUITS CONFITS.— SUCRES. — CHOCOLATS. — CAFÉS.

Diplôme d'honneur (hors concours). — MM. Meinadier et Cie, à Bourdon, pour leurs sucres, alcools et autres produits de la sucrerie et distillerie de Bourdon.

Médaille d'or. — M. Gaillard, de Clermont, pour ses fruits glacés et candis, pâtes et confitures.

Médailles d'argent. — MM. Vieillard aîné, de Clermont, pour ses confitures; Murent fils, de Clermont, pour ses confitures; Frelut et Cie, de Clermont, pour leurs confitures.

Médailles de bronze. — MM. Dollet-Dépaillet, de Clermont. pour ses bonbons, dragées et un bouquet de fleurs en sucre; Dumas et Codet, de Clermont, pour leurs bonbons, dragées; Pichon, de Clermont, pour ses chocolats; Barreyre-Roueyre, de Clermont, pour ses chocolats; Perol, de Clermont, pour ses chocolats; Peyrard, de Royat, pour ses chocolats.

Mentions honorables. — MM. Lepère, de Murat (Cantal), pour ses biscuits en cornet; Mosmann, de St-Flour (Cantal), pour ses sujets en sucre et décorés en sucre; Versepuy-Mandon, de Clermont, pour son café torréfié.

LIQUIDES ET CONDIMENTS.

Médailles de bronze. — MM. Berger, de Clermont, pour sa liqueur du Mont-Dore; Boyer-Defaye, de Clermont, pour sa chartreuse; Chesneau et Ansaldi, de Clermont, pour leurs vinaigres de vin; Boyer jeune, de Clermont, pour ses vinaigres de vin.

Mentions honorables. — MM. Poigné, de Moulins, pour son élixir digestif de Vichy; Vial jeune, de Clermont, pour ses liqueurs de fruits; l'abbaye de Sept-Fonts, pour la liqueur fabriquée à l'abbaye; Dalmas, de Besse, pour sa chartreuse de Vassivière: Touzet, de Clermont; Bardon, de Riom, pour leurs cassis; Mme Noyer de Layras, de Pont-du-Château, pour sa bière blanche de Bavière, sa bière brune de Strasbourg, et sa bière ordinaire de Lyon; MM. Duranton-Delorme, d'Issoire, pour ses alcols; Favier, de Charroux, pour son vinaigre de vin; Defert, de Clermont, pour sa moutarde.

TISSUS LAINE ET SOIE.

Médaille d'argent donnée par S. Exc. le ministre, décernée à M. Gerin-Mourait, de Clermont, pour ses draps et couvertures de laine.

Médailles d'argent. — MM. Bernard-Dupuy, d'Ambert, pour ses étamines à pavillon, lacets, rubans et autres produits de mercerie d'Ambert; Vimal-Vimal, d'Ambert; Vimal-Viallis, d'Ambert, pour leurs étamines à pavillon.

Médailles de bronze. — M. d'Auriac, de St-Flour, pour ses limousines imperméables; M. Getting, de Maringues, pour ses couvertures de laine.

Mentions honorables. — MM^mes X..., d'Aurillac, pour leurs soieries unies; Ponchon, d'Issoire, pour ses couvertures de laine; Jourdan-Rode, d'Issoire, pour sa préparation de laine du pays.

TISSUS LIN, CHANVRE ET COTON. — CORDERIE.

Médaille d'or. — M. Bossi et Cie, à Saint-Martin-les-Riom, pour leurs fils de chanvre.

Médailles d'argent. — MM. Malfériol-Lajeofrérie, de Clermont, pour son linge de table damassé; Breyton, de Riom, pour ses toiles de chanvre.

Médailles de bronze. — MM. Grenet-Clément, de Riom, pour ses toiles; Institution de jeunes aveugles de Chamalières, pour ses tricots, guipures, etc.; Salis-Ojardias, de Billom, pour ses cotons teints, blanchis, moulinés et pelotonnés; Paulet-Sabatier, de Jumeaux, pour sa corderie de chanvre et fil de fer; Margot-Labourier, de Maringues; Clavel aîné, de Clermont; Rudel, de Pont-du-Château, pour leur corderie de chanvre.

Mentions honorables. — MM. Odin frères, de Maringues,

pour leurs tissus renforcés de fil et coton; Bouchet-Roux, de Clermont, pour son chanvre peigné; Rigaud, de Clermont, pour son linge de table damassé; Jourdin, de Clermont, pour ses filets de pêche; Auclère fils, de Clermont, pour sa corderie de chanvre; Paris (Alexandre), de Pont-du-Château, pour sa corderie de chanvre.

BONNETERIE. — TAPIS. — MODES. — CONFECTION. — HABILLEMENT.

Médailles d'argent. — MM. Périer-Lafon et Pertus, d'Aurillac, pour leurs parapluies; Prulière aîné, de Clermont, pour ses sabots; Garcin fils et Cie, de Clermont, pour leur chaussure à vis et clouée à la mécanique; Sanitas-Dorsner, de Clermont, pour ses fourrures.

Médailles de bronze. — MM. Bachellery, d'Arlanc, pour ses dentelles; Mlle Adèle Léopold, de Clermont, pour ses costumes d'enfant; Paulin Ribes, de Clermont, pour ses broderies et dessins de broderies; Pouchol, de Clermont, pour sa chemiserie d'hommes; Mlle Viple, de Riom, pour ses reprises perdues; Verrier, de Clermont, pour ses chapeaux de paille; Trapet, d'Aubusson, pour ses tapis; Mme Blanchet, de Clermont, pour ses tapisseries à l'aiguille; Revel, d'Aurillac, pour ses sabots; Faviot-Barrière, de Riom, pour ses sabots; Laussert, d'Aurillac, pour ses sabots; Granet, de Clermont, pour ses sabots, formes et cambres; Mégemont frères, de Bort (Corrèze), pour leur chapellerie; Bourdel-Roddier, de Clermont, pour sa chapellerie; Battu-Boissier, de Clermont, pour ses chaussures à la mécanique; Cougout, de Clermont, pour sa chaussure cousue.

Mentions honorables. — Mmes Cognard et Beaujeu, de Saint-Just-en-Chevalet (Loire), pour leurs broderies à double face; Mme Finaud, de Clermont, pour ses costumes de dames et d'enfants; MM. Silvant et Brun, de Clermont, pour leur chemiserie d'hommes; Mme Argilet, de Clermont, pour ses corsets ; Mme Athanasse, de Clermont, pour ses corsets; Mme Deyriès-Battu, de Clermont, pour ses corsets; M. Dubaud-Baraband, d'Aubusson, pour ses tapis; M. Montabret-Lepine, de Felletin, pour ses tapis; Mlle Colin, de Clermont, pour ses tapisseries à l'aiguille ; Mlle Déperrier, de Clermont, pour son guéridon brodé en perles et en tapisserie; M. Faure-Ebely, de Saint-Amant-Tallende, pour ses sabots; M. Tournade, de Rochefort-Montagne, pour ses sabots; Biguet, de Thiers, pour ses sabots.

Mentions honorables. — MM. Barraband, d'Aubusson, pour sa chapellerie ; Marc, de Clermont, pour sa chapellerie de soie; Espinasse, de-Vic-sur-Cère, pour sa chapellerie souple et imperméable; Ligneras-Mazet, d'Issoire, pour sa chapellerie imperméable ; Barthomeuf, de Clermont, pour sa chaussure cousue; Barbarin, de Clermont, pour ses formes de cordonniers et de sabotiers.

COUTELLERIE. — FABRICATION D'ARMES.

Diplôme d'honneur. — MM. Sabattier père et fils, de Thiers. (Fabrication hors ligne.)

Médaille d'or. — MM. Châtelet et Cornet, de Thiers, pour leur belle exposition de couteaux fermants et autres.

Médailles d'argent. — MM. Saint-Joanis-Blondel, de Thiers, pour sa bonne fabrication, et spécialement ses couteaux à lame argentée; Delcros, de Clermont, pour sa coutellerie soignée et ses appareils orthopédiques.

Médailles de bronze. — MM. Beauvoir, de Thiers, pour ses échantillons de ciseaux; Prodon fils et Cie, de Thiers, pour leurs spécimens de couteaux; Mas-Monchard, de Clermont, pour sa coutellerie fine; Troupel, d'Aurillac, pour ses outils de sabotier et sa flamme mécanique; Coirier, de

Clermont, pour une carabine Lefaucheux et des pistolets de combat.

Mentions honorables. — MM. Archimbaud-Sannajust, de Thiers, pour ses couteaux; Melun-Brunel, de Thiers, pour ses ciseaux; Cancalon, de Bourganeuf, pour deux fusils d'un nouveau modèle.

FABRICATION D'OUVRAGES EN MÉTAUX D'UN TRAVAIL ORDINAIRE.

Médaille d'argent. — MM. Delort et Schulze, de Sauxillanges, pour leur belle fabrication de toiles métalliques; Julliard, de Clermont, pour ses clous et béquets.

Médaille de bronze donnée par S. Exc. le ministre, décernée à MM. Zani père et fils, de Clermont, pour leur poterie d'étain.

Médailles de bronze. — MM. Deldevez-Debas, de Clermont, pour sa belle collection de robinets en tous genres; Jourdan, de Clermont, pour sa tréfilerie et ses béquets; Gorce-Valleix, de Clermont, pour ses baignoires, cylindres, arrosoirs et autres ouvrages en ferblanc; Vigier, d'Aurillac, pour ses lanternes à double courant; Doumaux jeune, de Clermont, pour ses égouttoirs porte-bouteilles; Rivet jeune, de Clermont, pour ses fourneaux de cuisine et son calorifère à flamme renversée.

Mention honorable. — M. Arizzoli, de Clermont, pour son fourneau de cuisine.

BRONZES D'ART. — ORFÈVRERIE.

Médaille d'or. — M. Boy, de Saint-Germain-Lembron, pour sa magnifique exposition de zincs artistiques.

Médailles d'argent. — MM. Péret frères, de Clermont, pour leur bijouterie de luxe et commune; Bonnet, de

Clermont, pour la création de l'industrie des émaux d'Auvergne; Carlod, de Clermont, pour ses bronzes dorés et ses lustres d'église.

Médaille de bronze. — M. Bérouhard, de Clermont, pour ses lustres et chandeliers d'église.

Mention honorable. — M. Collange-Thomas, de Clermont, pour ses broches à portraits.

ART DES CONSTRUCTIONS ET INDUSTRIES S'Y RATTACHANT.

Rappel de médaille d'argent donnée au concours régional à M. Bourgoignon, de Clermont, pour ses applications du bitume aux constructions.

Médaille d'argent. — M. Goutay, de Joze, pour sa chaux hydraulique et ses ciments.

Médailles de bronze. — MM. Pizet et Dumont, de Roanne, pour leurs tuiles plates et briques; Favard, de Clermont, pour ses bois découpés.

Mentions honorables. — MM. Peigue, de Clermont, pour son système de toitures en zinc; Baynard, de Riom, pour ses tuiles fabriquées près de Pionsat; Maisonneuve, de Clermont, pour ses spécimens de couverture en ardoises; Pianella, de Clermont, pour ses décorations et peintures; Silvant, de Clermont, pour ses panneaux peints.

VERRERIE. — POTERIE. — FAÏENCE.

Médaille d'or. — M. Casati, de Mège-Coste, pour les produits remarquables de sa verrerie et de ses charbons.

Médaille d'argent. — MM. Brûlé et Cie, de Saint-Etienne (Loire), pour leurs beaux verres soufflés.

Médailles de bronze. — MM. Raab, de Rive-de-Gier (Loire), pour ses verres à bouteilles; Lacollonge, de Clermont, pour sa faïence et sa poterie communes; Teissier, de Billom, pour sa poterie artistique.

Mentions honorables. — MM. Granet, de Billom, pour sa poterie commune et artistique; Pomel, de Vergongheon, pour ses vases poreux et ses fûts à vinaigre.

AMEUBLEMENT ET DÉCORATION. — GLACES. — DORURE.

Médaille d'argent donnée par S. Exc. le Ministre, décernée à M. David, de Clermont, pour sa belle exposition de glaces, cadres et dorures.

Médailles d'argent. — MM. Wolfowicz, Achille, de Clermont, pour son installation de chambre à coucher; Camus-Colin, de Clermont, pour son installation de salle à manger et salon; Joux, de Clermont, pour son installation de chambre à coucher; Arnaud, Bauër et Cie, de Clermont, pour leur installation de chambre à coucher.

Médailles de bronze. — MM. Gominon, de Clermont, pour ses panneaux et draperies; Chavarot frère et sœur, de Clermont, pour leurs consoles et cadres dorés.

SCULPTURE SUR BOIS. — ÉBÉNISTERIE. — INDUSTRIE DES TOURNEURS.

Médailles d'argent. — MM. Dejou, d'Aurillac, pour sa belle exposition de meubles sculptés; Lassagne-Fabre, de Clermont, pour un buffet de salle à manger, une table et une restauration parfaite de meubles Louis XV.

Médaille de bronze donnée par S. Exc. le Ministre, décernée à M. Manaranche, Joseph, de Clermont, pour son exposition de meubles sculptés en vue de la dorure.

Médailles de bronze. — MM. Domas, de Clermont, pour une cheminée en chêne sculpté; Jeuf, de Clermont, pour ses chaires et lutrins; Cambefort, d'Aurillac, pour un lit en noyer sculpté; Souliac aîné, de Riom, pour ses beaux spécimens de placage; Barre jeune, de Romagnat, pour une commode-toilette d'un bon travail; Montel, de Clermont, pour son groupe et ses fleurs sculptés; Auriger, de Clermont, pour ses ouvrages tournés en tout genre.

Mentions honorables. — MM. Cohadon, de Clermont, pour une garniture de cheminée en chêne sculpté; Bourbon père et fils, de Clermont, pour leurs fauteuils; Déparain, de Clermont, pour un coffret sculpté; David, du Petit-Pérignat, pour des échantillons de parquet; Boëser, de Clermont, pour une armoire à glace; Manaranche, François et Jean, du Mont-Dore, pour de jolis modèles de menuiserie; l'abbé Dauzat, de Saint-Martin-de-Tours, pour un confessionnal en frêne sculpté; Tixier, de Champeix, pour son travail gothique en chêne sculpté, avec statuettes d'anges; Charbonnier, Vaudable et Adrien Maison, de Clermont, pour leurs bois rainés et assemblés à la mécanique; de Riberolles et Clair, de Clermont, pour leurs caisses et leurs bois sciés et ouvrés; Quinsat, de Clermont, pour une table en marqueterie; Bessard-Huguet, de Clermont, pour ses cadres ovales tournés; Guillot, de Pont-du-Château, pour ses objets divers exécutés au tour.

SCULPTURE SUR PIERRE ET MARBRE.

Médaille d'argent. — M. Jabert, de Clermont, pour l'importation en Auvergne de l'industrie des marbres artificiels.

Médailles de bronze. — MM. Montbur, de Clermont, pour deux autels sculptés en pierre d'Apremont; Brionnet, de Clermont, pour deux cheminées en marbre.

Mentions honorables. — MM. Darbas, de Clermont, pour une cheminée en marbre blanc; Coulon, de Clermont, pour ses balustres et sa colonnette en pierre d'Apremont; Barthélemy, de Clermont, pour l'ensemble de son exposition; Peyrier, de Clermont, pour un monument funèbre en pierre de Volvic.

CAISSES. — MALLES. — ARTICLES DE VOYAGE.

Médailles de bronze. — MM. Dalemas, de Clermont, pour ses malles et articles de voyage; Desmartin, de Clermont, pour une caisse de voyage d'un système ingénieux et la bonne exécution générale de ses produits.

Mentions honorables. — MM. Salzac-Lhéritier, de Clermont, pour ses articles de voyage et plusieurs limousines imperméables en poil de chèvre, fabriquées par Mme Salzac-Lhéritier; Lachenaud, d'Ambert, pour ses caisses à fruits confits, d'un bon marché remarquable.

TONNELLERIE.

Médaille de bronze. — M. Brun-Montel, de Clermont, pour un tonneau et une caisse à douves articulées, destinée à faciliter le dépotage des arbustes.

Mentions honorables. — MM. Monestier, de Clermont, pour des tonneaux de confiserie; Beaugé, de Romagnat, pour un petit tonneau.

SELLERIE ET CARROSSERIE.

Médaille d'argent. — M. Graverol, de Clermont, pour sa bonne carrosserie et ses harnais très-soignés.

Médaille de bronze. — M. Julien-Boyer, de Clermont, pour un harnais commun d'un bon travail.

Mentions honorables. — MM. Glatard, de Roanne, pour son système de dételage instantané; Mazin frères, de Massiac, pour un harnais de cabriolet.

PAPETERIE. — RELIURE. — CARTONNAGE. — IMPRIMERIE.

Médailles de bronze. — MM. André Vimal et fils, d'Ambert, pour leurs échantillons de papier joseph ; Ballande-Fougedoire, de Thiers, pour sa fabrication de cartons divers ; Bouquier, de Clermont, pour l'importation à Clermont de l'industrie du cartonnage de luxe ; Paris-Beaulieu, de Clermont, pour ses registres ; Four, de Clermont, pour sa reliure de luxe ; Cluzel-Arnaud, de Clermont, pour sa reliure à bon marché.

Mentions honorables. — MM. Lebon et Porte, d'Ambert, pour leur papier joseph et leurs fécules ; Clermont, de Clermont, pour son cartonnage à bon marché.

Mentions honorables. — MM. Casson, de Clermont, pour son calepin perpétuel ; Jouvet, de Riom, pour ses spécimens d'imprimerie.

INSTRUMENTS DE MUSIQUE.

Médaille de bronze. — M. Bonnenfant, de Clermont, pour ses pianos.

Mention honorable. — M. Ligier, de Clermont, pour son orphéï et sa cymbale à pistons.

TABLETTERIE. — ARTICLES DIVERS.

Médaille d'argent. — M. Riocourt-Andréax, de Clermont, pour sa belle exposition de peignes à des prix très-satisfaisants.

Mention honorable. — Mlle Courtinat, de Clermont, pour ses fleurs et broderies.

MÉDAILLONS. — OUVRAGES EN CHEVEUX. — POSTICHES.

Médaille de bronze. — M. Champclaux, de Clermont, pour son exposition très-complète de médaillons et ouvrages en cheveux.

Mentions honorables. — MM. Neuville, de Clermont, pour un bouquet en cheveux; Chavaribert, de Clermont, pour une coiffure et des bandeaux postiches; Veillard, de Clermont, pour deux perruques.

Section de l'Horticulture.

FRUITS.

Médailles d'or. — MM. Nestor Lesbre, d'Ebreuil; Délusse aîné, pépiniériste à Clermont; Aguillon Robert, d'Issoire.

Médailles d'argent données par S. Exc. le Ministre de l'agriculture, du commerce et des travaux publics. — MM. Guillot, horticulteur à Clermont; Cyrille Buron, d'Ambert; Dubroc-Barnicaud, de Clermont.

Médailles de vermeil. — MM. Vasseur, horticulteur à Sauxillanges; Levadoux, horticulteur à Riom; Phelut Amable, de Clermont.

Médaille d'argent. — M. Saturnin Pommier, de Clermont.

Médailles de bronze. — MM. Faure, horticulteur à Clermont; Berthoule, notaire à Besse; Guizou, propriétaire à Clermont; Monnier, de Clermont; Perrier-Mercier, horticulteur à Clermont; Aubert jeune, de Clermont; Cély, horticulteur à Clermont; Cyrille Buron, d'Ambert, pour des raisins; Mory, de Courpière, pour une corbeille de citrons et d'oranges.

Mentions honorables. — MM. Phelut-Chatard, de Clermont; Meynial, Pierre, de Clermont; l'Orphelinat des Frères des Ecoles chrétiennes de Clermont; Mme Barbarin, de Clermont; MM. Calandrier, horticulteur à Clermont; Robert Phelut, de Clermont; Daupeyroux, de Beaumont; Aguillon, d'Aigueperse, pour un lot de citrons.

LÉGUMES.

Médaille d'argent donnée par S. Exc. le Ministre. — M. Aubert-Favard, de Clermont.

Médailles de Vermeil. — MM. Dufour, jardinier au château de Chalandrat; Lerozié, jardinier à Saint-Martin-les-Riom; l'Orphelinat des Frères des Écoles chrétiennes à Clermont.

Médaille d'argent. — M. Phelut-Robert.

Médailles de bronze. — MM. Pierre Brayat; Calandrier, de Clermont; Gros, Gilbert, jardinier à Bellerive.

Mentions honorables. — MM. Cyrille Buron, pour des pommes de terre; Aubert jeune.

FLEURS.

Médailles de vermeil. — L'Orphelinat des Frères des Écoles chrétiennes à Clermont; MM. Martignat; Amblard; Levadoux; Dauparis; Guillot; Morlet; Aguillon, d'Issoire.

Médailles de bronze. — MM. Vasseur, pour ses roses; Perrier, pour ses roses; Faure, pour ses bouquets; Mme Délusse, pour ses bouquets.

ORNEMENTATION DU JARDIN.

Médailles de vermeil. — MM. Aguillon, Robert, d'Issoire; Amblard, de Clermont; Aubert, jeune, de Clermont;

Dauparis, de Clermont; Délussé fils aîné, de Clermont; Faure, de Clermont; Felut-Foulhoux, de Clermont; Guillot, de Clermont; Julliard, négociant à Clermont; Levadoux, horticulteur à Riom; Loise, de Paris, pour ses glaïeuls; Martignat, de Clermont; Morlet, de Clermont; l'Orphelinat des Frères des Écoles chrétiennes de Clermont; MM. Lesbre, Nestor, d'Ebreuil, pour la tenue des arbres qu'il a donnés au jardin; Herbaumont, de Paris, pour une serre exposée.

Médailles de bronze. — MM. Archer, vitrier à Paris, pour la vitrine de la serre; Gauthier, jardinier à Clermont; Pougheon, entrepreneur; Riberolles, rocailleur; Moindrau, jardinier à Clermont; Vacher aîné, de Moulins, pour ses sièges de jardin; Morisque, jardinier à Clermont; Goutay, de Joze, pour ses bassins du Jardin des Plantes.

Les médailles destinées à récompenser l'horticulture ont été données par Sa Majesté l'Empereur, par S. Exc. le Ministre de l'agriculture, du commerce et des travaux publics, et par les Membres de la Chambre de commerce de Clermont-Ferrand.

Les médailles de vermeil et de bronze distribuées pour l'ornementation du jardin, ont été offertes par M. Lecoq, Président de la Chambre de commerce, Correspondant de l'Institut et Directeur du jardin.

www.ingramcontent.com/pod-product-compliance
Lightning Source LLC
Chambersburg PA
CBHW051918160426
43198CB00012B/1944
* 9 7 8 2 0 1 1 2 6 3 8 6 5 *